D0851489

ail

Styliste culinaire : Amy Nathan
Styliste accessoiriste : Sara Slavin

Catalogage avant publication de Bibliothèque et Archives Canada

Perry, Sara
  Ail

  (Tout un plat!)
  Traduction de : Everything tastes better with garlic.

  1. Cuisine (Ail).   2. Ail.   I. titre.   II. Collection.

TX819.G3P4714 2005   641.6'526   C2005-940467-1

Pour en savoir davantage sur nos publications,
visitez notre site : www.edhomme.com
Autres sites à visiter : www.edjour.com
www.edtypo.com • www.edvlb.com
www.edhexagone.com • www.edutilis.com

04-05

© 2004, Sara Perry pour le texte
© 2004, France Ruffenach pour les photos

© 2005, Les Éditions de l'Homme,
une division du groupe Sogides,
pour la traduction française

Tous droits réservés

L'ouvrage original a été publié
par Chronicle Books LLC
sous le titre *Everything Tastes Better with Garlic*

Dépôt légal : 2ᵉ trimestre 2005
Bibliothèque nationale du Québec

ISBN 2-7619-2045-7

DISTRIBUTEURS EXCLUSIFS :

• Pour le Canada et les États-Unis :
MESSAGERIES ADP*
955, rue Amherst
Montréal, Québec H2L 3K4
Tél. : (514) 523-1182
Télécopieur : (450) 674-6237
* Filiale de Sogides ltée

• Pour la France et les autres pays :
INTERFORUM
Immeuble Paryseine, 3, Allée de la Seine
94854 Ivry Cedex
Tél. : 01 49 59 11 89/91
Télécopieur : 01 49 59 11 96
Commandes :   Tél. : 02 38 32 71 00
                       Télécopieur : 02 38 32 71 28

• Pour la Suisse :
INTERFORUM SUISSE
Case postale 69 - 1701 Fribourg - Suisse
Tél. : (41-26) 460-80-60
Télécopieur : (41-26) 460-80-68
Internet : www.havas.ch
Email : office@havas.ch
DISTRIBUTION : OLF SA
Z.I. 3, Corminbœuf
Case postale 1061
CH-1701 FRIBOURG
Commandes :   Tél. : (41-26) 467-53-33
                       Télécopieur : (41-26) 467-54-66
                       Email : commande@ofl.ch

• Pour la Belgique et le Luxembourg :
INTERFORUM BENELUX
Boulevard de l'Europe 117
B-1301 Wavre
Tél. : (010) 42-03-20
Télécopieur : (010) 41-20-24
http://www.vups.be
Email : info@vups.be

Gouvernement du Québec – Programme de crédit d'impôt pour
l'édition de livres – Gestion SODEC – www.sodec. gouv.qc.ca

L'Éditeur bénéficie du soutien de la Société de développement des
entreprises culturelles du Québec pour son programme d'édition.

Nous reconnaissons l'aide financière du gouvernement du Canada par
l'entremise du Programme d'aide au développement de l'industrie de
l'édition (PADIÉ) pour nos activités d'édition.

tout un plat !

ail

sara perry

photos : france ruffenach

Traduit de l'américain par Monique Richard

LES ÉDITIONS DE L'HOMME

L'ail : sensuel et irrésistible

Imaginez un monde où nous serions condamnés à cuisiner sans ail. Avec quoi les oignons pourraient-ils donc s'amuser? Qu'arriverait-il à la cuisine italienne? À la salade César? Au pistou? Une vie sans ail? Impossible!

Quand on y pense, tout a meilleur goût avec l'ail. Presque tout. Peut-être n'a-t-on pas encore inventé un irrésistible tiramisu à l'ail, mais je vous jure qu'au Festival de l'ail qui se tient dans ma région, des foules se ruent pour goûter à l'étonnante et délicieuse crème glacée à l'ail qu'on y vend depuis quelques années.

L'ail donne du piquant à la vie et rehausse brillamment nos légumes préférés. La gousse d'ail s'offre à nous tel un cadeau bien emballé dans un papier superbe. Que peut-on souhaiter de mieux?

Quand on aime l'ail, quand on est un véritable passionné, on met de côté ses inquiétudes à propos de la mauvaise haleine et des odeurs désagréables qu'il peut engendrer. L'ail a bon goût. Je répète : l'ail a bon goût. Sa magie emplit la bouche de saveurs extraordinaires. Il peut être aussi doux et délicat qu'un premier baiser et aussi sensuel qu'une folle nuit d'amour. Tout dépend évidemment de notre manière de le courtiser.

Les cuisiniers ont toujours su profiter du goût particulier de l'ail, de son arôme unique né de la terre. Ils apprécient grandement sa contribution subtile à la cuisine classique et à la cuisine de tous les jours. Certains croient que le mot «ail» est peut-être dérivé du mot celtique *all,* qui signifie brûlant. Cru, l'ail est âcre et piquant; cuit, il est moelleux; rôti et caramélisé, il est onctueux et offre un bon goût de noisette. Une simple gousse émincée rehausse merveilleusement la vinaigrette et un bulbe entier qu'on laisse mijoter dans un pot-au-feu imprègne harmonieusement de son parfum tous les autres ingrédients. Grâce à l'ail, le goût des pâtes, des soupes et des sauces est rehaussé de manière admirable. Les viandes, la volaille et les fruits de mer s'illuminent de leurs pleins feux, tandis que les légumes deviennent soudainement très populaires, même auprès de ceux qui ont l'habitude de leur faire la moue. L'ail peut remplacer le sel dans plusieurs plats et il a le pouvoir de stimuler les papilles gustatives.

Selon la légende, l'ail revêt de nombreux pouvoirs. Si l'on porte un bulbe autour du cou, nous sommes immédiatement protégés contre les vampires. Servi en potion, il élimine les infections et plusieurs autres problèmes de santé. Une tresse d'ail accrochée à la porte d'une future mariée est un gage de bonheur. Pour chasser les pucerons qui nuisent aux rosiers, il suffit de planter de l'ail tout autour. Même le roi Thot a demandé qu'on l'enterre avec six bulbes d'ail

afin de ne pas en manquer pendant le trajet qui allait le conduire vers une autre vie.

Ce livre a pour but de mieux vous faire connaître tous les mérites de l'ail. Vous apprendrez comment l'éplucher, le presser, le trancher, le couper, le hacher et le réduire en purée. Des photos vous le feront voir sous toutes ses formes. N'oubliez jamais que le succès d'un plat dépend souvent de la manière dont on a d'abord préparé l'ail.

Ne retenez pas votre souffle, nous n'esquiverons pas la question de son odeur tenace. Mais d'où vient-elle au juste? Que peut-on faire pour ne pas en souffrir? Quel est ce petit germe vert qui sort de la gousse? Que doit-on en faire? Peut-on utiliser les gousses qui sont suspendues dans notre cuisine depuis plusieurs années?

Ce livre vous offre 65 recettes simples, délicieuses et généreuses en ail. Laissez-vous tenter par la Salade César, le Poulet aux quarante gousses d'ail, le Pain à l'ail et la Soupe aux légumes printaniers et croûtons à l'ail rôti. Vous succomberez sans résistance aux Biftecks d'aloyau grillés et sauce piquante à l'ail et au bourbon. J'ose même prédire que vous trouverez n'importe quelle excuse pour préparer le Risotto à l'ail, aux petits pois et à l'huile de truffe ainsi que les Fruits de mer rôtis au paprika fumé et à l'ail rôti.

J'ai déjà cru que toutes les gousses d'ail étaient de la même couleur. Au fil des années, j'ai découvert l'ail sous toutes ses formes, toutes ses couleurs et toutes ses saveurs, qu'il soit blanc, rose ou violet. Il suffit d'aller au marché pour plonger dans cet univers étonnant et enivrant. Allons droit au but: dans ce monde où nous surveillons sans cesse les aliments qui risquent de nous tuer ou de nuire à nos artères, nous avons la chance de pouvoir opter pour l'ail, qui contient de nombreuses propriétés favorables à notre santé. Hum! Que diriez-vous d'un bon martini à l'ail? Avec cette plante potagère aux usages multiples, tout est possible!

Des bulbes généreux et savoureux

QU'EST-CE QUE L'AIL ?

L'ail est une plante potagère qui, pour notre plus grand bonheur, rend notre monde plus parfumé. Il appartient à la famille des liliacées et est un proche cousin de plusieurs fleurs ornementales de nos jardins, dont le lis et la tulipe. À cause de ses bulbes compacts et souterrains, il fait partie du même genre *(Allium)* que l'oignon, le poireau, la ciboulette et l'échalote. Pour notre plaisir, cette plante vivace est cultivée comme une annuelle et récoltée chaque année. Si on laisse le bulbe dans le sol sans le récolter, on verra bientôt apparaître une tige qui produira des fleurs blanches chaque année. Une fois divisés, les bulbes nous donnent des gousses parfumées recouvertes d'une membrane semblable à du papier fin.

On cultive l'ail depuis des milliers d'années. Il n'est donc pas étonnant qu'on le trouve sous des formes, des couleurs, des grosseurs et des saveurs variées. L'*Allium sativum* est l'espèce la plus utilisée en cuisine. La prochaine fois que vous toucherez un bulbe, recherchez une tige dure au milieu. S'il n'y en a pas, il s'agit d'ail à tige tendre. Disponibles dans les supermarchés, les variétés à tige tendre sont plus faciles à cultiver que les variétés à tige dure et elles se conservent mieux sur les tablettes. La membrane qui les recouvre est habituellement blanche ou argentée.

L'ail à tige dure est plus périssable et on le trouve plus facilement à l'été ou au début de l'automne dans les produits spécialisés ou directement à la ferme. Les bulbes sont généralement plus gros et offrent des couleurs et des saveurs variées.

L'ail rocambole *(Allium ampeloprasum)*, aussi appelé ail d'Espagne, est composé de bulbes énormes. Il ressemble davantage au poireau qu'à l'ail. Son goût est plus doux et il est plus dur. Certains pèsent jusqu'à 500 g (1 lb). Depuis quelques années, dans le monde gastronomique, l'ail rocambole compte un nombre croissant d'adeptes.

VALEUR NUTRITIVE DE L'AIL

L'ail est riche en sels minéraux et en oligo-éléments, particulièrement en divers composés du soufre. Il contient aussi du brome, du potassium, du calcium, du phosphore, du fer, de la riboflavine, de la vitamine C, ainsi que des protides et des glucides. Il est faible en sodium et en matières grasses. L'ail frais cru fournit 139 calories par 100 g. Nul doute, l'ail est vraiment bon pour la santé.

À COUPER LE SOUFFLE !

Plusieurs pensent que manger trop d'ail, c'est comme boire trop de champagne. Après coup, on promet qu'on ne recommencera jamais plus. Pourquoi?

C'est le sulfocyanure d'allyle et des substances voisines qui donnent à l'ail son odeur particulière et sa saveur brûlante à l'origine de l'haleine forte et persistante que l'on redoute. Ces composants – dont l'allicine et l'alliine – ne devraient pas avoir mauvaise presse, puisqu'ils possèdent d'importantes propriétés anti-bactériennes. Quand une gousse crue est écrasée, une enzyme déclenche une réaction en chaîne qui crée les mauvaises odeurs. Quand le sulfocyanure d'allyle atteint le système digestif et imprègne les poumons et les autres tissus, il émet une odeur désagréable familière. Même si une cuisson prolongée détruit cette enzyme, il n'existe aucune façon d'éliminer complètement ses effets. Si vous voulez éviter tous ces inconvénients, lisez les conseils de la p. 12 pour connaître quelques trucs efficaces.

LES BIENFAITS DE L'AIL

L'ail parfume merveilleusement nos aliments, mais il est encore meilleur pour la santé quand on le mange. On dit qu'il agit comme hypotenseur, hyper-cholestérolémiant, expectorant, cholagogue et bactéricide. Il clarifie le sang et prévient certains cancers. Il est aussi connu pour ses qualités anti-fongiques et antibiotiques. Des formules inscrites sur un ancien papyrus égyptien, le *Codex eber,* traitaient clairement des effets positifs de l'ail sur les problèmes cardiaques, les tumeurs et l'accouchement. À la naissance de Henri V, en 1387, on a frotté de l'ail sur ses lèvres en croyant que les propriétés antiseptiques de cette plante allaient stimuler et protéger l'enfant. Les recherches scientifiques les plus récentes parlent des bienfaits mineurs mais réels de l'ail sur le taux de cholestérol. Certains croient dur comme fer qu'en frottant le cuir chevelu trois fois par jour avec de l'huile infusée d'ail, il est possible de guérir la calvitie. Quoi qu'il en soit, les vertus curatives de l'ail sont aussi intéressantes que ses propriétés culinaires.

Règne :	plante
Division :	magnoliophyta
Classe :	liliopsida (monocotylédones)
Sous-classe :	liliidae
Ordre :	liliales
Famille :	alliaceae/liliaceae
Genre :	allium
Espèce :	sativum
Sous-espèces :	sativum (variétés à tige tendre) ophioscorodon (variétés à tige dure)

Conseils

ACHAT

Choisissez des bulbes dodus et fermes. La membrane qui les recouvre doit être sèche et semblable à du papier. Si la pelure est brisée ou si les têtes sont molles, spongieuses, plissées ou trop légères pour leur grosseur, allez voir ailleurs.

On peut acheter de l'ail à longueur d'année parce qu'on en cultive dans plusieurs parties du monde. Les bulbes d'ail à tige tendre récoltés avec soin peuvent se conserver de 10 à 12 mois; les variétés à tige dure commencent à se détériorer progressivement à partir du quatrième mois.

Un des grands délices culinaires est l'ail vert, cultivé au printemps dans certaines régions. Il a l'aspect et la consistance de l'oignon vert, mais il a la saveur subtile de l'ail. Coupé en tranches, il est savoureux dans une salade, une soupe aux légumes ou un pesto vert à l'ail. On n'en trouve pas dans tous les marchés, mais si vous connaissez quelqu'un qui en vend, vous ne regretterez pas votre achat. Goûtez aussi à la ciboulette chinoise *(Allium tuberosum),* très populaire dans la cuisine chinoise. Elle dégage un arôme d'ail délicat et ses fleurs blanches, semblables à celles de la ciboulette, font une belle garniture.

Il existe plusieurs variétés d'ail et il n'en tient qu'à vous de les essayer. En consultant certains sites spécialisés dans Internet, vous pourrez faire des découvertes surprenantes. Certains producteurs font même des ventes postales à travers le monde.

Un conseil: À moins d'avoir besoin d'une énorme quantité d'ail émincé, résistez à la tentation d'acheter de l'ail préalablement épluché ou haché. Le goût de cet ail n'est pas nécessairement intéressant et il est loin d'avoir la finesse de l'ail frais. Si vous mettez un pot d'ail haché dans votre réfrigérateur, l'odeur imprégnera rapidement tous les autres aliments.

NE RETENEZ PAS VOTRE SOUFFLE !
Quelques trucs efficaces pour purifier l'haleine

Croquez un grain de café rôti.
Mâchez une graine de fenouil cru.
Mangez un brin de persil frais.

Brossez-vous les dents.
Achetez un bon rince-bouche.
Sucez un bonbon à la menthe.

CONSERVATION

Il est recommandé de garder l'ail dans un endroit frais, sec et bien aéré comme un panier métallique ou un pot à ail (voir p. 16). Évitez le réfrigérateur et le congélateur parce que l'humidité et le froid feront perdre aux bulbes une partie de leur saveur. Selon la variété et la fraîcheur des têtes d'ail, on peut les garder de 4 à 10 mois à partir du moment de la récolte. Personnellement, j'achète uniquement la quantité dont j'aurai besoin au cours des deux prochaines semaines. N'utilisez pas les tresses d'ail qui décorent votre cuisine depuis des lustres.

Mise en garde : Certaines recettes demandent de conserver de l'ail dans l'huile. Il y a risque de botulisme si ces gousses sont gardées à température ambiante. L'ail conservé dans l'huile doit obligatoirement être conservé dans le réfrigérateur pendant trois semaines tout au plus, après quoi il est impératif de s'en débarrasser.

CUISSON

Il n'est pas toujours simple d'éplucher des gousses d'ail. La manière la plus efficace consiste à couper les deux extrémités de la gousse avec un couteau d'office. Il suffit ensuite de retirer la membrane. Une autre technique est de presser la gousse avec le plat d'un couperet. Quand on doit éplucher une grande quantité, on peut utiliser l'un des instruments proposés à la p. 16.

Les chefs expérimentés savent que les gousses d'ail s'épluchent facilement si on les plonge 5 secondes dans l'eau chaude ou 20 minutes dans l'eau froide. On dit que de les mettre 15 secondes dans le four à micro-ondes fait aussi l'affaire.

Hacher ou *émincer* l'ail à la main, à l'aide d'un bon couteau, fait ressortir ses arômes les plus subtils. Un couteau en acier haut carbone est fortement recommandé. Quand la surface dure de la lame entre en contact avec la membrane de la gousse, on perd une moins grande quantité des huiles volatiles riches en soufre. Comme je l'ai mentionné précédemment, quand une gousse est hachée ou broyée, une enzyme déclenche une réaction chimique responsable de l'odeur caractéristique de cette plante potagère. Un couteau bien affûté empêche une trop grande libération de cette enzyme. Si vous mettez l'ail dans une recette qui requiert une cuisson, la mauvaise odeur et le mauvais goût disparaîtront. Pour obtenir un soupçon d'ail, gardez les gousses entières ou hachées grossièrement et ajoutez-les au début de la cuisson. Pour un goût plus prononcé, pressez les gousses ou émincez-les finement et ajoutez-les en fin de cuisson.

Pour hacher une grande quantité d'ail, plusieurs personnes utilisent le robot de cuisine. Cela permet de gagner du temps, mais l'ail n'est malheureusement pas coupé de manière uniforme, ce qui libère trop de jus et d'huiles volatiles. Le goût de l'ail devient alors trop puissant. Si vous aimez cette méthode, hachez les gousses par à-coups pour obtenir de meilleurs résultats.

Émincer ou écraser l'ail avec du sel est une méthode très prisée par les chefs. Le sel absorbe les jus et permet de rassembler et de retirer plus facilement les minuscules morceaux d'ail. Si l'on prend soin de hacher l'ail minutieusement, il ressemblera à la purée qu'on obtient habituellement à l'aide d'un mortier et d'un pilon.

Si l'on souhaite que le goût de l'ail soit puissant et bien présent, il suffit de **râper ou de presser l'ail cru.** Les deux méthodes permettent d'obtenir des morceaux tellement petits qu'ils semblent fondre et disparaître dans la plupart des recettes.

Il faut être très vigilant quand on fait sauter de l'ail. Il faut procéder lentement, à feu moyen, dans du beurre ou de l'huile. Le but est d'obtenir des morceaux d'ail tendres et délicats qui dégagent un arôme agréable typique de la cuisson lente. L'ail brûlé ou trop foncé peut ruiner une recette.

Pour obtenir des gousses crémeuses au goût irrésistible de noisette caramélisée, il suffit de faire rôtir un bulbe entier. Préchauffez le four à 180 °C (350 °F). Coupez la partie supérieure du bulbe de manière à exposer le dessus des gousses. Déposer le bulbe, racine vers le fond, dans un petit plat de cuisson.

Arroser le dessus des gousses avec 1 c. à soupe d'huile d'olive. (On peut aussi ajouter 1 c. à café (1 c. à thé) d'eau et une pincée de sel.) Bien couvrir de papier d'aluminium et cuire au four environ 1 h 15 à 160 °C (325 °F). On peut faire rôtir de la même manière les gousses détachées les unes des autres ; le temps de cuisson sera alors plus court.

Si vous voulez gagner du temps, mettez un bulbe d'ail sur une feuille de papier absorbant et faites-le cuire 1 min dans le four à micro-ondes à allure élevée. Renversez le bulbe et faites-le cuire 1 min de plus. L'ail ne sera pas caramélisé et son arôme exquis n'envahira pas votre maison, mais quand on est pressé, il faut payer le prix…

Dans la cuisine mexicaine, on fait rôtir les bulbes dans un poêlon en fonte non graissé à feu moyen. On les cuit environ 15 min, sans cesser de remuer, jusqu'à ce qu'ils commencent à noircir et à ramollir. On les épluche et on les émince ensuite pour apprécier leur agréable saveur grillée.

L'AIL SOUS TOUTES LES FORMES

Les résultats obtenus avec l'ail dépendent de la façon dont on le prépare. Dans ce livre, j'utilise l'ail sous six formes différentes : en purée grossière, émincé, haché, écrasé, tranché et entier. Les photos montrent chacune de ces préparations.

DES INSTRUMENTS UTILES

Pot à ail – Petit contenant en terre cuite perforé de petits trous sur le côté. Permet de garder l'ail frais dans un environnement sombre et aéré. On en trouve de formes et de grosseurs différentes. Peut être très utile.

Éplucheur d'ail – Cylindre de caoutchouc en forme de cannoli dont la paroi intérieure est rugueuse et légèrement adhésive. Cet instrument permet d'enlever la membrane qui recouvre les gousses. Mettez une ou deux gousses à l'intérieur et roulez le cylindre dans un mouvement de va-et-vient en pressant avec la main. Presto! Les gousses seront dévêtues dans le temps de le dire.

Presse-ail – Cet objet ressemble à un presse-agrumes muni de dents. Il a le mérite d'extraire à la fois le jus et la pulpe. L'ail est pressé à travers de petits trous. Les modèles les plus solides ne requièrent pas qu'on épluche l'ail même si les directives fournies par le fabricant recommandent le contraire. Essayez et vous verrez; le presse-ail vous fera peut-être gagner beaucoup de temps.

Tranche-ail – Semblable à une mandoline miniature, il permet de faire des tranches uniformes minces comme du papier. Certains modèles ont une lame réversible qui permet de couper l'ail en filaments.

Cuiseur à ails – Petit plat rond muni d'un couvercle avec fente qui permet de rôtir un bulbe entier. On peut le remplacer par un ramequin tapissé de papier d'aluminium. On en trouve plusieurs modèles, tous plus originaux les uns que les autres.

Barre contre les odeurs – Petit morceau d'acier inoxydable ionisé permettant de débarrasser les mains des odeurs désagréables d'ail, d'oignon et de poisson. La magie opère dès que l'on frotte nos mains avec la barre sous l'eau froide. (Une rumeur veut que n'importe quel ustensile en acier inoxydable donne les mêmes résultats.)

ÉQUIVALENCES

Ces équivalences sont approximatives, mais elles vous permettront de gagner du temps.

1 petit bulbe = 45 à 60 g (1 1/2 à 2 oz) = 10 gousses ou moins

1 bulbe moyen = 60 à 75 g (2 à 2 1/2 oz) = 10 gousses

1 gros bulbe = 75 à 90 g (2 1/2 à 3 oz) = 10 gousses ou plus

1 gousse moyenne, hachée = 1 à 1 1/4 c. à café (1 à 1 1/4 c. à thé)

1 gousse moyenne, émincée = 3/4 c. à café (3/4 c. à thé) bien tassée

1 gousse moyenne, pressée = 1/2 c. à café (1/2 c. à thé)

1 grosse gousse, hachée = 2 c. à café (2 c. à thé) bien tassées

1 grosse gousse, émincée = environ 1 1/2 c. à café (1 1/2 c. à thé) bien tassée

1 grosse gousse, pressée = 3/4 à 1 c. à café (3/4 à 1 c. à thé)

3 gousses moyennes, en fines tranches (à la main) = 1 c. à soupe comble

3 grosses gousses, en tranches (à la main) = 2 c. à soupe

3 grosses gousses, en tranches minces comme du papier (à la mandoline) = 2 c. à soupe

SUBSTITUTIONS

1 gousse d'ail moyenne peut être remplacée par :

une grosse pincée de poudre d'ail

1/4 c. à café (1/4 c. à thé) d'ail granulé

1/2 c. à café (1/2 c. à thé) de flocons d'ail

1/2 c. à café (1/2 c. à thé) de sel d'ail (réduire le sel dans la recette)

1 c. à café (1 c. à thé) de jus d'ail

La saveur de l'ail sera davantage mise en valeur si vous pressez une gousse crue dans le plat cuit juste avant de le servir plutôt que de mettre une grande quantité d'ail au début de la recette.

La tige verte qui se trouve au centre de la gousse est un germe qui pourrait donner naissance à une autre plante. Il est parfois amer, mais on peut le manger. Si vous avez l'intention de manger l'ail cru, enlevez-le ; sinon ne vous en préoccupez pas.

TREMPETTES, ENTRÉES ET HORS-D'ŒUVRE

Crudités avec trempette à l'ail et au cari

Ces trempettes, riches en ail, sont particulièrement délicieuses avec les ingrédients qui figurent ci-dessous. Cette trempette met en vedette le persil, l'estragon et le jus de citron, tandis que la Trempette à l'ail et au cari offre l'onctuosité et le bon goût du yaourt. Il est important de laisser égoutter le yaourt pendant plusieurs heures pour qu'il se transforme en fromage de yaourt absolument délicieux.

TREMPETTE À L'AIL DIVINE

• À l'aide d'un petit robot de cuisine, hacher finement l'ail, le persil et l'estragon. Ajouter la pâte d'anchois, le jus de citron et mélanger de nouveau jusqu'à ce que le tout soit bien amalgamé. Transvider dans un petit bol, puis incorporer la mayonnaise et la crème sure. Bien mélanger. Rectifier l'assaisonnement en sel et en poivre au besoin. Conserver dans le réfrigérateur jusqu'au moment de servir.

TREMPETTE À L'AIL ET AU CARI

• Placer une passoire très fine au-dessus d'un bol. Verser le yaourt dans la passoire et laisser égoutter toute une nuit. Jeter le liquide et mettre le yaourt dans un bol moyen. Ajouter le fromage, le miel et mélanger jusqu'à consistance lisse. Presser 2 gousses d'ail dans le bol et remuer. Ajouter le cari, le gingembre et le jus de citron vert. Conserver dans le réfrigérateur. Goûter avant de servir. Pour une saveur d'ail plus prononcée, presser une autre gousse et mélanger.

TREMPETTE À L'AIL DIVINE

- 2 gousses d'ail, émincées
- 20 g (½ tasse) de persil plat frais, grossièrement haché
- 1 c. à soupe d'estragon frais, émincé
- 1 c. à café (1 c. à thé) de pâte d'anchois
- 2 c. à soupe de jus de citron frais pressé
- 125 ml (½ tasse) de mayonnaise
- 125 ml (½ tasse) de crème sure
- Gros sel et poivre frais moulu

TREMPETTE À L'AIL ET AU CARI

- 500 ml (2 tasses) de yaourt nature entier
- 180 g (6 oz) de fromage à la crème à température ambiante
- 2 c. à café (2 c. à thé) de miel à température ambiante ou tiède
- 2 ou 3 gousses d'ail moyennes
- 1 c. à café (1 c. à thé) de cari
- ¼ c. à café (¼ c. à thé) de gingembre moulu
- 1 c. à soupe de jus de citron vert frais pressé
- Crudités (voir la liste des meilleurs ingrédients pour trempettes)

LES MEILLEURS INGRÉDIENTS POUR TREMPETTES

Artichauts à la vapeur	Chou chinois en lanières	Morceaux ou lanières de poulet
Asperges à la vapeur	Concombres en lanières	Petits pois écossés
Bagel en tranches fines	Crevettes cuites	Pois mange-tout
Bâtonnets de pain	Fenouil en tranches	Poivrons en lanières
Bouquets de brocoli	Feuilles de cœur de laitue romaine	Pommes de terre
Bouquets de chou-fleur	Feuilles d'endives	nouvelles à la vapeur
Carottes en lanières	Feuilles d'épinard	Radis rouges, blancs ou noirs, daikon
Céleri en lanières	Jicama en tranches ou en bâtonnets	Salami en tranches ou en dés
Champignons	Morceaux de rôti de bœuf	Tomates cerises

Noix et pacanes à l'ail et au romarin

Ce mélange chaud de noix, de pacanes, d'ail et de romarin peut être servi seul ou avec d'autres hors-d'œuvre à l'heure de l'apéro. Ne les mettez pas trop tôt sur la table parce qu'ils disparaîtront en quelques minutes. Si vous aimez les noix à la fois sucrées et salées, voici de quoi vous régaler.

- Préchauffer le four à 180 °C (350 °F).

- Dans une grande poêle, faire fondre le beurre à feu moyen. Ajouter l'ail et faire revenir 1 min. Ajouter le sucre, l'eau, le romarin, le sel à l'ail et faire sauter, en remuant constamment, jusqu'à ce que la cassonade soit complètement fondue et que la préparation ait une consistance brillante et humide. Ajouter les noix et les pacanes, et bien remuer pour les enrober uniformément.

- Recouvrir une plaque à pâtisserie de papier d'aluminium ou de papier sulfurisé et étendre les noix sur une seule couche. Cuire 8 min. Retirer du four et remuer les noix sur la plaque pour bien les enrober de nouveau. Remettre au four environ 6 min, jusqu'à ce qu'elles soient légèrement dorées. Retirer du four et saupoudrer immédiatement de sel d'ail. Remuer à nouveau avec l'enrobage restant. Faire glisser la feuille d'aluminium sur une grille et laisser refroidir complètement. Conserver dans un contenant hermétique.

PRÉPARATION

- 2 c. à soupe de beurre non salé
- 6 gousses d'ail moyennes, émincées
- 60 g (¼ tasse) + 2 c. à soupe de cassonade pâle ou de sucre roux
- 1 c. à soupe d'eau
- 1 c. à soupe de romarin frais, émincé finement
- 2 c. à café (2 c. à thé) de sel à l'ail et un peu plus pour garnir
- 225 g (2 tasses) de noix, coupées en deux
- 225 g (2 tasses) de pacanes, coupées en deux

Edamames au sel à l'ail et au poivre

- 1 ½ c. à café (1 ½ c. à thé) de grains de poivre entiers (blanc, séchouan ou mélange de cinq poivres)
- 2 ½ c. à café (2 ½ c. à thé) de sel à l'ail
- 480 g (1 lb) d'edamames (soja vert) dans leurs gousses, frais ou décongelés

PRÉPARATION

Les légumineuses sont excellentes pour la santé et vous pouvez les servir en hors-d'œuvre irrésistibles et agréables à manger. Les gousses de soja vert sont rôties légèrement avec de l'ail et du poivre. Il suffit ensuite de les ouvrir et de les déguster. Difficile d'arrêter!

- Préchauffer le four à 230 °C (450 °F).

- Dans une petite poêle, à feu moyen, faire griller le poivre 5 min pour libérer son arôme. Retirer du feu. À l'aide d'un mélangeur, d'un mortier et d'un pilon, d'un broyeur à épices ou d'un moulin à café, pulvériser le poivre le plus finement possible. Ajouter le sel à l'ail. Passer le mélange dans une passoire fine pour enlever les téguments des grains de poivre. Réserver.

- Sur une plaque à pâtisserie à bords hauts, étendre les graines de soja sur une seule couche. Saupoudrer avec le mélange de poivre et de sel et remuer pour bien les enrober. Griller de 5 à 7 min, jusqu'à ce qu'elles soient tendres. Servir chaud.

VARIANTE

- Si vous avez peu de temps, la prochaine fois que vous irez dans une épicerie fine ou spécialisée, procurez-vous des petits pots ou des conserves d'épices ou de poivre mélangés. Vous n'aurez plus qu'à y ajouter le sel à l'ail pour saupoudrer les graines de soja. Mon préféré est le shichimi, un mélange japonais piquant composé de sept épices et contenant entre autres du piment en flocons, du zeste de mandarine séché et des grains de poivre blanc.

Tartinade de haricots blancs
à l'ail rôti

PRÉPARATION

Voici une variante d'une purée de haricots blancs à l'ail que j'ai eu le bonheur de déguster dans un café italien. Les haricots blancs et l'ail se marient à merveille et ils sont encore meilleurs avec une vinaigrette légèrement citronnée.

TARTINADE

• Presser les gousses ramollies pour les détacher de leur enveloppe et déposer dans le bol du robot de cuisine. À l'aide du dos d'une cuillère, réduire les gousses en purée en les pressant contre les parois. Ajouter les haricots, le sel et mettre en marche le robot de cuisine jusqu'à ce que le mélange devienne onctueux et fasse des pics. Si le mélange est trop épais, allonger avec un peu d'huile. Ajouter du sel au besoin.

VINAIGRETTE

• Dans un petit bol ou une tasse, fouetter tous les ingrédients qui composent la vinaigrette.

• Mettre un peu de tartinade au centre d'une assiette et garnir d'un filet de vinaigrette. Servir avec des tranches de pain baguette, des quartiers de pains pita ou des bâtonnets de pain italien.

TARTINADE
- 2 têtes d'ail moyennes de 60 à 90 g (2 à 2 1/2 oz) chacune, rôties (voir p. 14)
- 450 g (15 oz) de haricots blancs en conserve, égouttés et rincés
- 1/2 c. à café (1/2 c. à thé) de gros sel
- Huile d'olive extravierge (facultatif)

VINAIGRETTE
- 2 c. à soupe d'huile d'olive extravierge
- 1 c. à soupe de jus de citron frais pressé
- 1/4 c. à café (1/4 c. à thé) de moutarde de Dijon

- Pain baguette en tranches, quartiers de pains pitas grillés ou bâtonnets de pain italien

Bagna cauda

4 à 6 portions ; 750 ml (3 tasses)

Le bagna cauda *est un genre de fondue italienne. Cette trempette à l'ail est absolument délicieuse. Essayez-la avec une bonne bouteille de chianti…*

- Dans une casserole moyenne à fond épais de 25 à 30 cm (10 à 12 po), chauffer 80 ml (⅓ tasse) d'huile à feu moyen et faire sauter l'ail de 1 à 2 min, en prenant soin qu'il ne brunisse pas. Ajouter les anchois et remuer fréquemment avec une cuillère de bois pour dissoudre les filets. Ajouter le beurre et le reste d'huile. Continuer la cuisson jusqu'à ce que le beurre soit fondu et que le mélange soit chaud. Incorporer environ 1 c. à café (1 c. à thé) de sel, goûter et ajouter plus de sel si désiré.

- Transvider le mélange dans un réchaud placé au-dessus de l'eau chaude ou dans un plat à fondue au-dessus d'une flamme très faible. (Il est très important de garder la température au minimum, pas plus chaude que la chaleur d'une bougie.) Servir avec un assortiment de crudités et des morceaux de pain.

NOTE : Quand une recette demande une grande quantité d'ail émincé, plusieurs ne jurent que par l'ail en pot vendu dans le commerce. Les légumes peuvent être tranchés la veille. Il suffit de les conserver dans le réfrigérateur dans un récipient hermétique rempli d'eau froide. Vous pouvez également les disposer sur un linge propre et humide et les conserver au frais dans un sac en plastique à fermeture hermétique. Il est possible d'empiler plusieurs couches dans un même sac.

PRÉPARATION

- 180 g (¾ tasse) d'ail, émincé (environ 24 grosses gousses ; voir note)
- 500 ml (2 tasses) d'huile d'olive extra-vierge
- 120 g (4 oz) de filets d'anchois en conserve, rincés, égouttés et hachés
- 120 g (4 oz) de beurre non salé
- 1 à 2 c. à café (1 à 2 c. à thé) de gros sel
- Assortiments de crudités (p. 20) (voir note)
- Pain de campagne, en morceaux

- 2 artichauts d'environ 300 g (10 oz) chacun

AÏOLI
- 4 grosses gousses d'ail, coupées en deux
- 1/2 c. à café (1/2 c. à thé) de gros sel
- 2 jaunes d'œufs à température ambiante (voir note)
- 1/4 à 1/2 c. à café (1/4 à 1/2 c. à thé) de moutarde de Dijon
- Une pincée de poivre frais moulu, blanc de préférence
- 2 c. à soupe de jus de citron frais pressé à température ambiante
- 175 ml (3/4 tasse) d'huile d'olive extra-vierge ou d'huile de canola (colza) ou une combinaison des deux huiles à température ambiante

CONSEIL DE SÉCURITÉ

Comme cette mayonnaise est faite à base d'œufs crus, assurez-vous que les œufs que vous utilisez sont frais, que la coquille est intacte et qu'ils ont été conservés dans le réfrigérateur. Les œufs crus peuvent contenir une bactérie qui cause un empoisonnement à la salmonelle. Dans le doute, on ne devrait jamais servir cette mayonnaise aux personnes à risque comme les personnes âgées ou souffrant d'une maladie grave, les jeunes enfants et les femmes enceintes. Il existe dans les épiceries spécialisées des œufs pasteurisés qui ont subi la même transformation que le lait, ce qui détruit toute forme de bactéries nocives.

PRÉPARATION

Les Romains, les Grecs, et les Syriens avant eux, ont toujours su que l'artichaut était un des meilleurs aliments à manger avec les doigts. Nous sommes d'accord avec eux. Lorsqu'on prépare une mayonnaise ou un aïoli, tous les ingrédients doivent être à température ambiante. Ainsi, au moment d'ajouter l'huile d'olive, vous obtiendrez une émulsion riche et onctueuse.

ARTICHAUTS

- Pour parer les artichauts, retirer les premières feuilles et couper le pied pour qu'ils puissent tenir debout. Couper ensuite 2,5 cm (1 po) de la tête de l'artichaut. Il est possible aussi de couper le bout piquant de chacune des feuilles et de badigeonner ces dernières de jus de citron pour éviter qu'elles ne noircissent.

- Dans une grande casserole d'eau bouillante salée, cuire les artichauts à couvert de 20 à 30 min, jusqu'à ce qu'on puisse retirer les feuilles facilement. Bien égoutter, tête vers le bas.

AÏOLI

- Sur une planche à découper, saupoudrer les gousses d'ail de gros sel, émincer et écraser avec le plat du couteau pour obtenir une pâte.

- Déposer la pâte dans un robot de cuisine ou un mélangeur. Ajouter les jaunes d'œufs, la moutarde, le poivre, le jus de citron et 60 ml (1/4 tasse) d'huile. Mettre l'appareil en marche et verser l'huile restante en un mince filet. Si le mélange semble trop épais, ajouter 1 à 2 c. à café (1 à 2 c. à thé) d'huile ou d'eau chaude. Rectifier l'assaisonnement avant de servir. L'aïoli peut se conserver jusqu'à 5 jours dans le réfrigérateur dans un contenant hermétique.

- Dans chaque assiette, déposer un artichaut, tête vers le haut, et accompagner d'un petit bol d'aïoli.

NOTE : Pour amener un œuf à température ambiante, il suffit de le mettre 10 min dans un bol d'eau chaude.

VARIANTE : Pour obtenir un aïoli plus piquant, remplacer le poivre blanc par 1/4 à 1/2 c. à café (1/4 à 1/2 c. à thé) de cayenne.

Polenta à l'ail

- 60 ml (¼ tasse) de crème à fouetter (35 %)
- 3 grosses gousses d'ail, écrasées
- 500 ml (2 tasses) d'eau
- 1 c. à café (1 c. à thé) de sel
- 160 ml (⅓ tasse) de polenta à cuisson rapide
- 1 c. à soupe de beurre non salé
- Gros sel et poivre frais moulu

Ces rondelles de polenta disparaissent en un clin d'œil. Servez-les légèrement grillées sans garniture. Elles font une très bonne entrée dont les convives apprécient la légèreté. Si vous voulez faire un amuse-gueule plus consistant, nappez-les avec un peu de Marmelade à l'ail, à l'oignon et à l'échalote (p. 114), du fromage de chèvre doux, des olives en julienne, du salami ou des poivrons rouges grillés.

- Dans une petite casserole, mélanger la crème et l'ail à feu moyen-vif et laisser mijoter doucement. Retirer du feu et laisser reposer de 5 à 7 min. Filtrer la crème et jeter l'ail.

- Dans une casserole à fond épais, mélanger l'eau et le sel à feu moyen-vif, puis amener à ébullition. Ajouter la polenta en un mince filet en fouettant constamment. Réduire la chaleur et laisser mijoter faiblement environ 4 min, jusqu'à ce que la polenta épaississe ou se détache des parois de la casserole. Ajouter la crème et le beurre et remuer 1 ou 2 min. Retirer du feu, goûter et rectifier l'assaisonnement en sel et en poivre au besoin.

- Étendre la polenta sur une plaque à pâtisserie de 15 x 23 cm (6 x 9 po) et de 1,25 cm (½ po) d'épaisseur. Laisser refroidir complètement.

- Préchauffer le four à 180 °C (350 °F).

- À l'aide d'un emporte-pièce de 3,75 cm (1 ½ po), découper des rondelles de polenta et les déposer sur une autre plaque badigeonnée de beurre ou recouverte de papier sulfurisé (parchemin). Cuire au four 10 min pour les réchauffer sans les colorer. Servir chaud.

- On peut utiliser des emporte-pièce plus grand, puis découper chaque rondelle en 4 pointes.

Champignons à l'ail chauds
sur pain de campagne grillé

Ces champignons sautés rapidement et assaisonnés de beurre d'ail sont délicieux sur des tranches de baguette grillées ou comme hors-d'œuvre. Parions que vous les préparerez un jour pour vous seul...

• Dans un petit bol, mélanger le beurre, l'ail, les échalotes, 1 ½ c. à soupe de persil, le sel et le poivre. Couvrir d'une pellicule plastique et conserver dans le réfrigérateur le temps de préparer les champignons. On peut également faire cette recette la veille et la servir à température ambiante.

• À l'aide d'un linge propre et humide, nettoyer les champignons. Les couper en deux, puis couper chaque moitié en tranches de 1,25 cm (½ po). Réserver. Pour les shiitake, retirer le pied et réserver. Laisser les plus petits champignons entiers ou les couper en deux. Enduire d'huile le fond d'un grand poêlon à fond épais. Cuire les champignons à feu moyen-vif environ 5 min, en remuant souvent, jusqu'à ce qu'ils brunissent. Pour éviter qu'ils ne brûlent, ajouter un peu d'huile. Cuire les champignons jusqu'à l'évaporation de leur eau. Ajouter le beurre d'ail et mélanger jusqu'à ce qu'il soit fondu. Rectifier l'assaisonnement en sel et en poivre au besoin. (Les champignons peuvent être préparés quelques heures d'avance. Laisser reposer à température ambiante et réchauffer avant de servir.)

• Déposer quelques champignons sur une tranche de pain grillée et garnir généreusement de persil. Servir chaud.

PRÉPARATION

- 3 ½ c. à soupe de beurre non salé à température ambiante
- 3 grosses gousses d'ail, émincées
- 2 c. à café (2 c. à thé) échalotes, hachées finement
- 3 c. à soupe de persil plat frais, émincé
- ½ c. à café (½ c. à thé) de gros sel
- Poivre frais moulu
- 240 g (8 oz) de champignons blancs
- 60 g (2 oz) de champignons sauvages frais (shiitake, girolles ou chanterelles ou un mélange)
- Huile d'olive
- 8 à 10 tranches de pain baguette de 1, 25 cm (½ po) environ, légèrement grillées et badigeonnées d'huile d'olive

Skordalia sur pointes de pain pita

PRÉPARATION

Une pure merveille grecque à votre table ! Cette recette traditionnelle à base de pommes de terre, de pain, d'ail, d'amandes, d'huile d'olive et de jus de citron vous comblera sans aucun doute.

• Mettre les pommes de terre dans une casserole, couvrir d'eau et porter à ébullition à feu moyen-vif. Cuire de 20 à 25 min, jusqu'à ce qu'elles soient tendres. Laisser refroidir, peler, réduire en purée et réserver.

• Dans un bol, déposer les dés de pain, couvrir d'eau et laisser tremper jusqu'à ce qu'ils deviennent tendres. Presser le pain pour enlever l'excédent d'eau et transvider dans un robot de cuisine. Ajouter l'ail, les amandes et mélanger pour obtenir une purée onctueuse. Continuer de mélanger en versant l'huile en filet, puis le jus de citron, jusqu'à ce que le tout soit bien amalgamé.

• Transvider la purée d'ail dans un bol moyen, puis incorporer la purée de pommes de terre. Ajouter l'eau chaude et mélanger jusqu'à consistance désirée. Saler, poivrer. Rectifier l'assaisonnement au besoin avec de la saumure de câpres. Couvrir et réfrigérer 4 h ou toute une nuit pour laisser imprégner les saveurs.

• Servir à température ambiante avec des pointes de pain pita.

• 1 pomme de terre blanche ou rouge de 240 g (8 oz)
• 180 g (2 tasses) de pain de campagne frais, en dés de 2 cm (³/₄ po)
• 4 à 6 gousses d'ail moyennes, hachées
• 45 g (¹/₃ tasse) d'amandes entières, blanchies ou légèrement grillées, hachées
• 80 ml (¹/₃ tasse) d'huile d'olive extravierge
• 3 ¹/₂ c. à soupe de jus de citron frais pressé
• Environ 60 ml (¹/₄ tasse) d'eau chaude
• Gros sel et poivre frais moulu
• Saumure de câpres ou vinaigre de vin blanc
• Pains pita, coupés en pointes

Chapeaux de cremini farcis à l'ail, au fromage et au jambon fumé

- 12 champignons moyens cremini ou porcini de 6,25 cm (2 ½ po)
- 2 c. à soupe d'huile d'olive extravierge
- 4 gousses d'ail moyennes, écrasées
- 15 g (⅓ tasse) de persil frais, émincé, et un peu plus pour garnir (facultatif)
- 60 g (2 oz) de jambon fumé, de côtelette de porc ou de bacon maigre, haché finement (voir note)
- 2 c. à soupe de croûtons à l'ail maison (p. 64) ou de chapelure
- Gros sel
- 90 g (3 oz) de fromage italien frais asiago fresco, sans la croûte et râpé (voir note)

Vous pensez que les champignons farcis sont dépassés et qu'ils n'offrent rien d'inspirant? Essayez cette recette enivrante qui met en valeur le jambon fumé, le persil frais, le fromage asiago et l'ail. Je les sers souvent comme entrée avant un repas de bœuf ou d'agneau, mais vous pouvez évidemment les présenter avec un repas végétarien.

- Préchauffer le four à 190 °C (375 °F).

- Nettoyer les champignons, retirer les pieds et laisser les chapeaux entiers. Sur une grande plaque à pâtisserie, mettre les chapeaux sur une seule couche. Émincer les pieds et réserver.

- Dans une grande casserole, faire chauffer l'huile à feu moyen. Ajouter l'ail, le persil, le jambon, la chapelure et les champignons émincés. Faire sauter environ 5 min pour faire ramollir les croûtons et libérer l'arôme de l'ail. Retirer du feu, saler et transvider dans un bol moyen. Laisser refroidir légèrement. Ajouter le fromage et bien mélanger.

- Farcir généreusement les chapeaux avec le mélange au fromage. Cuire au four environ 20 min, jusqu'à ce que le fromage soit fondu et que les champignons soient tendres. Garnir de persil et servir immédiatement.

NOTE

- On peut se procurer du jambon fumé, des côtelettes de porc et du bacon en tranches dans des emballages hermétiques sur les comptoirs de plusieurs épiceries ou charcuteries.

- On peut remplacer le fromage asiago fresco par le taleggio ou tout autre fromage italien à pâte semi-ferme légèrement piquant.

Crevettes grillées et salsa à l'ail et aux tomatilles

Ces crevettes sont toujours appréciées lorsque je les sers pour une fête en plein air. Le mélange de crevettes rosées et de salsa verte est très appétissant. J'aime beaucoup les garnir de feta ou de queso fresco. Les salsas vertes sont faites avec des tomatilles, de l'ail, des piments jalapeños et de la coriandre fraîche. La salsa verte illumine n'importe quel mets ordinaire. L'ail à pelure rouge, qu'on trouve plus facilement l'été, est particulièrement recommandé dans cette recette. Variez la mesure des ingrédients à votre goût, mais ayez toujours une bonne quantité d'ail à portée de la main.

SALSA

- Dans une casserole d'eau bouillante salée, plonger les tomatilles 4 min. Égoutter et laisser refroidir.

- Pendant ce temps, saupoudrer les gousses d'ail de sel, émincer et écraser avec le plat du couteau pour obtenir une purée grossière. Transvider dans le mélangeur. Ajouter les jalapeños, les oignons, la coriandre, le cumin et 1 c. à café (1 c. à thé) de jus de citron vert. Couper grossièrement les tomatilles et les mettre dans le mélangeur. Mélanger doucement pour bien amalgamer, tout en gardant des petits morceaux de légumes entiers. Transvider la sauce dans un bol et retirer les lamelles de peau des tomatilles. Réserver et laisser refroidir ou couvrir et déposer dans le réfrigérateur jusqu'au moment de servir. Rectifier l'assaisonnement en jus de citron vert au besoin. Ajouter les fines tranches d'ail et mélanger 30 min avant de servir. Cette salsa peut être préparée 3 jours à l'avance.

CREVETTES

- Préchauffer le barbecue au charbon de bois ou au gaz à température moyenne-élevée.

- Sur une plaque, déposer les crevettes, verser l'huile en filet, bien remuer pour s'assurer que les crevettes sont enduites de tous les côtés.

- Dans un petit bol, mélanger le chili et la poudre d'ail. Parsemer la moitié du mélange sur une face des crevettes, puis le reste sur l'autre.

SALSA À L'AIL ET AUX TOMATILLES

- 7 tomatilles fraîches moyennes, pelées, équeutées et grossièrement hachées (voir note)
- 4 grosses gousses d'ail, coupées en deux
- ½ c. à café (½ c. à thé) de gros sel
- 1 piment jalapeño, petit ou moyen, épépiné et haché grossièrement
- 40 g (⅓ tasse) d'oignons, hachés
- 10 g (⅓ tasse) de feuilles de coriandre fraîche, non tassées et grossièrement hachees
- ½ c. à café (½ c. à thé) de cumin moulu
- 1 c. à café (1 c. à thé) de jus de citron vert frais pressé
- 2 gousses d'ail moyennes, tranchées finement

CREVETTES

- 12 à 16 crevettes géantes, décortiquées et déveinées (conserver la queue intacte)
- 3 c. à soupe d'huile d'olive
- 1 c. à soupe d'assaisonnement au chili douce
- 1 c. à soupe de poudre d'ail
- Gros sel et poivre frais moulu
- 50 g (⅓ tasse) de fromage queso fresco ou feta, émietté (facultatif)

- Faire griller les crevettes environ 2 min de chaque côté. Retirer du feu et saupoudrer de sel et de poivre.

- Dans le centre d'une petite assiette, verser environ 3 c. à soupe de salsa, puis déposer harmonieusement 4 crevettes sur le dessus. Saupoudrer de fromage.

NOTE

La tomatille fait partie de la famille des groseilles. Elle est recouverte d'une mince pelure qui ressemble à du papier. On doit l'enlever avant de l'utiliser. Recherchez celles qui sont jaunâtres et légèrement tendres.

SOUPES ET SALADES

Bouillon à l'ail

Ce bouillon peut servir de base pour la préparation de différentes soupes. Essayez-le avec des tomates en dés, des petits pois cuits, du basilic frais et du zeste de citron vert.

- Dans une grande casserole, mélanger tous les ingrédients et porter à ébullition à feu moyen-vif. Réduire à feu doux et laisser mijoter à couvert pendant 1 h 30.

- Au terme de la cuisson, à l'aide d'une passoire fine, retirer l'ail et les herbes.

- Rectifier l'assaisonnement en sel au besoin

- Le bouillon peut être préparé 4 jours à l'avance. On le conserve dans un contenant hermétique dans le réfrigérateur ou au congélateur jusqu'à 3 mois.

PRÉPARATION

- 2 grosses têtes d'ail de 90 g (3 oz) chacune, gousses séparées et épluchées
- 1,5 litre (6 tasses) d'eau
- 1 c. à soupe d'huile d'olive extravierge
- 3 brins de thym frais
- 5 brins de persil plat frais
- 8 grains de poivre
- 2 c. à café (2 c. à thé) de gros sel ou au goût

Bouillon réconfortant

4 portions ; environ 1,5 litre (6 tasses)

- 875 ml (3 ½ tasses) de bouillon de volaille en conserve
- 425 ml (1 ¾ tasse) de tomates en dés dans leur jus en conserve
- 3 à 4 gousses d'ail moyennes, en tranches fines
- 2 gousses d'ails moyennes, écrasées ou au goût
- 1 carotte moyenne, pelée et râpée
- 1 morceau de gingembre frais de 3,75 cm (1 ½ po), pelé, coupé en 6 tranches minces sur la longueur et en julienne
- 60 ml (¼ tasse) de jus d'orange
- 1 c. à soupe de jus de citron vert frais pressé
- ⅛ à ¼ c. à café (⅛ à ¼ c. à thé) de tabasco ou au goût
- ½ c. à café (½ c. à thé) de gros sel ou au goût
- 2 c. à café (2 c. à thé) de sucre (facultatif)

PRÉPARATION

Ce bouillon fera des miracles les jours de mauvais rhume puisqu'il dégage les sinus d'une manière remarquable. En plus de ses vertus curatives, il est vraiment savoureux. L'ail a des propriétés antibiotiques très utiles pour soulager les maladies respiratoires. Le gingembre et le tabasco sont des expectorants redoutables. Le bouillon de poulet contient des agents semblables à ceux que l'on trouve dans certains médicaments contre le rhume. Au XIIe siècle, on le prescrivait couramment comme remède contre le rhume. Les tomates, le jus d'orange et les carottes sont riches en vitamines A et C, efficaces pour renforcer le système immunitaire. Mijotés ensemble, tous ces ingrédients donnent un bouillon des plus réconfortants.

- Dans une grande casserole, mélanger le bouillon de volaille, les tomates et leur jus, l'ail, les carottes et le gingembre. Porter à ébullition à feu moyen-vif. Réduire la chaleur et laisser mijoter 10 min. Ajouter les jus d'agrumes et une pincée de tabasco, couvrir et laisser macérer 30 min. Rectifier l'assaisonnement en sel et en sucre au besoin. Pour obtenir un bouillon plus piquant, ajouter un peu de tabasco.

Soupe aux haricots blancs et à l'ail rôti

- 1 grosse tête d'ail rôtie, d'environ 90 g (3 oz) (voir p. 14)
- 480 g (2 ½ tasses) de petits haricots blancs secs, rincés et égouttés
- 4 litres (16 tasses) d'eau
- 1 jarret de jambon fumé de 300 à 360 g (10 à 12 oz) généreux en viande
- 1 ½ c. à soupe d'huile d'olive
- 1 oignon moyen, haché finement
- 1 ½ c. à café (1 ½ c. à thé) de gros sel
- ½ c. à café (½ c. à thé) de poivre blanc de préférence
- Persil frais, émincé (facultatif)
- 1 baguette de pain, coupée en tranches de 8 mm (⅓ po) d'épaisseur, légèrement grillée et badigeonnée d'huile d'olive

Les haricots blancs donnent un aspect crémeux à cette soupe, tandis que le jambon lui donne une touche fumée agréable. L'ail grillé rehausse le tout d'une façon magistrale. Préparez toujours cette recette en grande quantité, car elle est encore meilleure la deuxième fois...

- Quand l'ail grillé est suffisamment refroidi pour être manipulé, retirer la chair en pressant doucement les gousses. Réserver.

- Dans une casserole moyenne, mettre les haricots dans 2 litres (8 tasses) d'eau. Porter à vive ébullition et laisser bouillir 2 min. Retirer du feu, couvrir et laisser de côté pour 1 h. Égoutter et jeter l'eau de cuisson.

- Dans un faitout de 5 à 6 litres, mettre les haricots, l'eau restante, soit 500 ml (2 tasses), et le jarret. Porter à ébullition à feu vif. Réduire la chaleur et laisser mijoter à couvert de 2 à 3 h, jusqu'à ce que les haricots soient tendres. Le temps de cuisson varie selon la fraîcheur des haricots.

- Retirer le jarret. Quand il est refroidi, retirer la chair et couper en dés. Jeter l'os et l'excédent de gras.

- Pendant ce temps, dans un poêlon, chauffer l'huile à feu moyen et sauter les oignons de 8 à 10 min, en remuant fréquemment, jusqu'à ce qu'ils soient tendres et non brunis. Retirer du feu. Ajouter l'ail réservé et utiliser le dos d'une cuillère pour le réduire en purée, et bien mélanger avec les oignons. Déposer ce mélange et le jarret dans la soupe. Saler et poivrer.

- À l'aide du dos d'une cuillère, écraser quelques haricots contre les parois du faitout pour épaissir la soupe et la rendre plus crémeuse. Laisser mijoter à feu doux 30 min.

- Verser la soupe dans les bols et garnir de persil. Servir avec le pain grillé.

- La soupe peut être préparée 3 jours à l'avance. Refroidir, couvrir et mettre dans le réfrigérateur ou congeler jusqu'à 3 mois.

Soupe aux légumes, à l'ail et au basilic

Cette soupe ressemble à un ragoût tellement elle est consistante et généreuse. Servez-la avec des tranches de baguette et une bonne salade. N'hésitez pas à ajouter d'autres légumes au choix : chou, haricots blancs, piment fort ou piment en flocons. Si vous aimez la viande, vous pouvez aussi faire sauter les oignons et les poireaux dans du bacon émincé ou ajouter quelques rondelles de saucisse piquante cuite en fin de cuisson.

SOUPE

• Dans un faitout ou une grande casserole de 6 litres, chauffer l'huile à feu moyen. Sauter les poireaux et les oignons 5 min, jusqu'à ce qu'ils soient tendres. Ajouter les carottes, le céleri, les pommes de terre et faire sauter encore 3 min.

• Éplucher le mieux possible les têtes d'ail. À l'aide d'un couteau bien affûté, couper le dessus pour libérer le bout de chaque gousse et déposer dans le faitout. Ajouter les tomates, la pâte de tomates, les haricots, le thym et l'eau. Porter à ébullition à feu moyen-vif. Réduire le feu et laisser mijoter 20 min.

• Ajouter les asperges, les courgettes et le riz. Couvrir partiellement et laisser mijoter de 20 à 30 min, jusqu'à ce que le riz soit cuit et l'ail tendre.

• Retirer l'ail et laisser refroidir légèrement.

• Presser doucement les gousses pour retirer l'ail de leur enveloppe et déposer dans un petit bol. Ajouter le sel, mélanger, réduire en purée et remettre dans la soupe. Rectifier l'assaisonnement au besoin avec du poivre.

PISTOU

• Réduire en purée l'ail et le basilic.

• Verser la soupe dans des bols peu profonds, garnir de pistou et servir. Passer le parmesan à table.

SOUPE

• 2 c. à soupe d'huile d'olive extravierge
• 1 petit poireau (partie blanche seulement), en dés
• 1 petit oignon jaune, en dés
• 1 petite carotte, pelée et coupée en rondelles de 3 mm (⅛ po)
• 1 petite branche de céleri, en tranches
• 1 pomme de terre rouge moyenne, de 90 g à 125 g (3 à 4 oz), en dés
• 2 têtes d'ail moyennes, d'environ 60 g (2 oz) chacune
• 425 ml (1 ¾ tasse) de tomates en dés dans leur jus en conserve
• 1 c. à soupe de pâte de tomates
• Environ 480 g (1 lb) de haricots rouges en conserve, égouttés
• ½ c. à café (½ c. à thé) de thym séché
• 1 litre (4 tasses) d'eau
• 125 g (4 oz) d'asperges fraîches, en petits morceaux
• 1 petite courgette, coupée en quatre sur la longueur, puis en tranches
• 2 à 3 c. à soupe de riz à grain long
• 1 c. à café (1 c. à thé) de gros sel
• Poivre frais moulu

PISTOU

• 4 grosses gousses d'ail, écrasées, ou 1 ½ à 2 c. à café (1 ½ à 2 c. à thé)
• 80 g (2 tasses) de feuilles de basilic frais, émincées
• Parmesan, frais râpé

SAUCE À SALADE MILLE-ÎLES

- 3 gousses d'ail moyennes, émincées
- 125 ml (½ tasse) de mayonnaise
- 125 ml (½ tasse) de crème sure
- 60 ml (¼ tasse) de sauce chili
- 1 c. à soupe de chutney en sauce
  ou en purée
- 1 c. à soupe de jus de citron frais pressé
- ⅛ c. à café (⅛ c. à thé) de cayenne
- 90 g (⅓ tasse) d'olives farcies
  aux piments doux, émincées
- Une pincée de poivre frais moulu
  ou au goût

- 1 laitue pommée (iceberg)

Je n'ai rien contre les mescluns colorés, mais de temps à autre il est de mise de préparer une salade plus ordinaire, mais néanmoins savoureuse. La sauce à salade riche en ail fera l'unanimité. Servez cette salade avec un bifteck bien épais et une bonne purée de pommes de terre à l'ail.

VINAIGRETTE

- Dans un bol moyen, bien mélanger l'ail, la mayonnaise, la crème sure, la sauce chili, le chutney, le jus de citron et le cayenne. Incorporer les olives et le poivre. Rectifier l'assaisonnement au besoin. Couvrir et laisser macérer 3 h dans le réfrigérateur.

LAITUE

- Couper la laitue en deux. Retirer le cœur. Couper chaque moitié en 2 quartiers. Déposer un quartier dans chaque bol à salade et arroser avec 3 c. à soupe de vinaigrette.

Laitue romaine au fromage bleu et aux noix grillées, vinaigrette à l'ail rôti

VINAIGRETTE À L'AIL RÔTI

- 1 grosse tête d'ail d'environ 90 g (3 oz)
- 2 c. à soupe de vinaigre de riz
- 2 c. à soupe de vinaigre de cidre de pomme
- 2 à 3 c. à café (2 à 3 c. à thé) de miel tiède ou à température ambiante
- 1 c. à café (1 c. à thé) de moutarde de Dijon
- 1/4 c. à café (1/4 c. à thé) de gros sel
- 1/4 c. à café (1/4 c. à thé) de poivre frais moulu
- 5 c. à soupe d'huile d'olive extravierge

SALADE

- 1 grosse laitue romaine, rincée et séchée
- 4 c. à soupe de fromage bleu, émietté
- 4 c. à soupe de noix grillées ou de pacanes, hachées grossièrement (voir note)

Cette salade est destinée au succès grâce à sa vinaigrette à l'ail, au fromage bleu et à l'ail rôti, qui lui donnent si bon goût. La laitue romaine, découpée en rubans, ajoute une note de beauté à ce plat.

VINAIGRETTE

- Rôtir l'ail tel qu'indiqué en p. 14 et réserver l'huile. Retirer la chair dorée en pressant doucement les gousses et déposer dans un robot de cuisine. (Retirer les gousses très foncées et caramélisées. Saupoudrées de sel, elles font d'excellentes petites bouchées.) Ajouter le vinaigre de riz, le vinaigre de cidre, le miel, la moutarde, le sel et le poivre. Mélanger jusqu'à consistance onctueuse. Ajouter l'huile d'olive, l'huile d'ail réservée, et mélanger.

SALADE

- Empiler 6 à 8 feuilles de laitue à la fois et trancher de biais des rubans de 1,25 cm (½ po). Mettre tous les rubans dans un grand bol. Verser la moitié de la vinaigrette et retourner plusieurs fois. Goûter et ajouter de la vinaigrette au besoin. Servir la laitue dans 4 bols à salade. Garnir chaque portion avec 1 c. à soupe de fromage bleu et 1 c. à soupe de noix.

NOTE

- Pour griller les noix ou les pacanes, préchauffer le four à 180 °C (350 °F). Étendre les noix sur une plaque à pâtisserie et cuire environ 10 min, jusqu'à ce qu'elles soient dorées.

Salade César

Quand il est question de salade César, chacun y va de son opinion personnelle. Les feuilles de laitue doivent-elles être laissées entières ou déchiquetées? La sauce doit-elle contenir des œufs? De la sauce Worcesterbire? Des anchois? Comme peu de gens aiment manger des œufs crus, je vous offre quelques choix intéressants. Le temps est venu de faire vos propres expériences et de créer la meilleure salade César au monde.

SAUCE À SALADE

• Saupoudrer l'ail de gros sel. À l'aide du côté plat d'un gros couteau, presser l'ail et le sel pour en faire une purée grossière. Mettre dans un petit bol. Incorporer la purée d'anchois et la mayonnaise à l'aide d'un fouet. Ajouter le jus de citron. Incorporer lentement l'huile d'olive en filet et fouetter vigoureusement. Quand la vinaigrette est parfaitement homogène, ajouter le parmesan. La vinaigrette devrait être légèrement salée. Rectifier l'assaisonnement. Réserver.

SALADE

• Laisser les feuilles de romaine entières ou les déchirer en morceaux.

• Dans un grand bol, mélanger les croûtons et 80 ml (⅓ tasse) de vinaigrette. Dans un premier temps, il est important de bien enduire les croûtons de vinaigrette. Ajouter la laitue et remuer généreusement. Ajouter de la vinaigrette au besoin. Servir la salade dans des assiettes refroidies, saupoudrer de parmesan et servir immédiatement.

SAUCE À SALADE

• 2 gousses d'ail moyennes, coupées en deux
• ½ c. à café (½ c. à thé) de gros sel
• 1 c. à café (1 c. à thé) de pâte d'anchois
• 1 ½ c. à soupe de mayonnaise ou 1 œuf cuit à feu doux au bain-marie (voir note) ou 2 c. à soupe de substitut d'œuf
• 2 c. à soupe de jus de citron frais pressé
• 125 ml (½ tasse) d'huile d'olive extravierge
• 2 c. à soupe de parmesan, frais râpé

SALADE

• 2 cœurs de laitue romaine
• 240 à 300 g (8 à 10 oz) de croûtons maisons, à l'ail grillé (p. 64) ou du commerce
• 2 c. à soupe de parmesan, frais râpé

NOTE

• Il est important d'utiliser des œufs frais, sans failles et conservés dans le réfrigérateur. Les œufs crus peuvent transporter une bactérie qui cause un empoisonnement à la salmonelle. Dans le doute, on ne devrait jamais servir cette salade aux personnes à risque, comme les personnes âgées ou souffrant d'une maladie grave, les jeunes enfants et les femmes enceintes.

• Pour réchauffer un œuf à température ambiante, le déposer dans un bol rempli d'eau bouillante. Laisser tremper 1 min et passer sous l'eau froide avant de l'utiliser.

Salade de chou orientale et vinaigrette à l'ail, aux carottes et au gingembre

Cette salade est idéale pour accompagner le thon, le saumon et les viandes au barbecue. La couleur orange de la vinaigrette est aussi spectaculaire que le mélange de gingembre frais, d'ail et d'huile de sésame qu'elle contient. Le chou nappa a des feuilles tendres à saveur douce et légèrement sucrée. Si vous voulez faire un mets principal, ajoutez des petits cubes de tofu ou des quartiers de mandarine.

VINAIGRETTE

- Dans un petit robot de cuisine ou un mélangeur, mélanger tous les ingrédients jusqu'à l'obtention d'une purée.

SALADE

- Dans un grand bol, mélanger le chou et les oignons verts. Verser la vinaigrette et mélanger légèrement. Saupoudrer de coriandre et de noix. Servir.

- On peut préparer cette salade 2 h à l'avance au maximum pour éviter de faire flétrir ou ramollir le chou.

VINAIGRETTE

- 1 gousse d'ail moyenne ou grosse, émincée
- 1 morceau de 5 cm (2 po) d'une petite carotte, haché grossièrement
- 1 morceau de 1,25 cm (½ po) de gingembre frais, pelé et râpé
- 60 ml (¼ tasse) de vinaigre de riz
- 60 ml (¼ tasse) d'huile végétale
- 1 c. à soupe d'huile de sésame orientale
- 1 c. à café (1 c. à thé) de gros sel

SALADE

- 400 g (4 tasses) de chou nappa, en fines lanières
- 3 oignons verts (partie blanche et verte), coupés en travers, en tranches de 6 mm (¼ po)
- 2 c. à soupe de coriandre ou de persil frais, haché
- 30 g (¼ tasse) de noix de cajou ou d'arachides rôties à sec, hachées (facultatif)

Salade à la mode coréenne

- 400 g (4 tasses) de pak-choï, en dés de 2,5 cm (1 po)
- 400 g (4 tasses) de chou nappa, en dés de 2,5 cm (1 po)
- 3 oignons verts (partie blanche et vert pâle), coupés en travers en tranches de 3 mm (⅛ po)
- 2 grosses gousses d'ail, hachées
- 1 morceau de 1,25 cm (½ po) de gingembre frais, pelé et râpé
- 1 ½ c. à café (1 ½ c. à thé) de piment jalapeño, haché
- 1 c. à café (1 c. à thé) de gros sel
- ¼ c. à café (¼ c. à thé) de cayenne ou de paprika piquant ou au goût
- 1 c. à soupe d'huile végétale
- 1 c. à soupe + 1 c. à café (1 c. à thé) de sauce chili
- 1 grosse gousse d'ail, écrasée (facultatif)

Le kim chee est un condiment coréen piquant, salé et aigre-doux. La recette traditionnelle renferme beaucoup d'ail et de piment, ce qui ne plaît pas à tout le monde. Voici une adaptation qui ralliera tous vos invités. Cette salade est parfaite pour accompagner les viandes grillées et les sandwiches déli.

• Dans un faitout ou une grande casserole d'environ 3 litres remplie d'eau, mettre le pak-choï et le chou nappa. Porter à ébullition à feu moyen-vif. Retirer du feu et rincer à l'eau froide dans une passoire. Égoutter, presser les choux pour retirer le maximum d'eau ou sécher avec du papier absorbant.

• Dans un bol moyen, mélanger le pak-choï, le chou nappa et les oignons verts. Ajouter l'ail, le gingembre, le jalapeño, le sel et le cayenne. Mélanger. Verser l'huile et la sauce chili sur la salade et bien remuer. Couvrir et mettre dans le réfrigérateur au moins 1 h pour bien mélanger les saveurs. Pour un goût plus prononcé, ajouter du cayenne et de l'ail écrasé.

Panzanella

- 6 tranches de pain à l'ail
  ou de pain italien de la veille
  de 1,25 cm (½ po) d'épaisseur
- 3 grosses gousses d'ail, écrasées
- 3 c. à soupe de vinaigre de vin rouge,
  ou plus au goût
- 1 ½ c. à café (1 ½ c. à thé) de jus
  de citron frais pressé
- 125 ml (½ tasse) + 2 c. à soupe d'huile
  d'olive extravierge
- Gros sel et poivre frais moulu
- 4 tomates moyennes mûres, épépinées
  et coupées en morceaux
- ½ oignon rouge moyen, coupé en deux
  sur la longueur et coupé en fines tranches
- 30 g (¾ de tasse) de feuilles de basilic
  frais et un peu plus pour garnir

Cette salade toscane a été créée pour redonner vie au pain rassis. Si vous n'avez pas de pain rassis, prenez du pain frais et mettez-le au four à 100 °C (200 °F) pendant quelques minutes. Vous pouvez enlever la croûte ou non. Cette salade est idéale pour les pique-niques. Choisissez de belles tomates de vigne bien mûres.

- Dans un grand bol, découper le pain en petites bouchées, couvrir d'eau froide et laisser tremper 30 min.

- Dans un petit bol, mélanger l'ail, le vinaigre, le jus de citron et l'huile. Saler, poivrer et réserver.

- Dans un grand bol, mélanger les tomates et les oignons. Découper les feuilles de basilic et les ajouter dans le bol. Extraire l'excédent d'eau du pain en le pressant doucement et ajouter aux autres ingrédients. Verser la vinaigrette et remuer la salade. Couvrir avec une pellicule plastique et laisser à température ambiante ou dans le réfrigérateur de 30 min à 3 h. Avant de servir, rectifier l'assaisonnement avec du vinaigre au besoin. Garnir avec quelques feuilles de basilic.

PAINS, PIZZAS ET SANDWICHES

Mon pain à l'ail, son pain à l'ail...

*Voici ma recette de pain à l'ail et celle de mon père. À vous de choisir...
Les deux nécessitent d'être faites dans du papier d'aluminium. Si
j'étais vous, je préparerais les deux recettes. Une chose est sûre : il
n'en restera plus après le repas.*

- Préchauffer le four à 180 °C (350° F).

MON PAIN À L'AIL

- Saupoudrer l'ail de gros sel, émincer et écraser avec le plat du couteau pour obtenir une purée grossière. Déposer le mélange dans une petite poêle, ajouter l'huile et sauter à feu moyen-doux 5 min en remuant sans laisser brunir.

- Dans un petit bol, mélanger le beurre et l'ail chaud. Ajouter le persil et mélanger pour obtenir un beurre facile à étendre.

- À l'aide d'un couteau bien affûté, couper des tranches de pain de 2,5 cm (1 po) en travers sans couper la croûte du fond pour la garder en un morceau. Badigeonner ou étendre délicatement le beurre à l'ail sur chacune des tranches. Envelopper le pain dans une feuille d'aluminium.

SON PAIN À L'AIL

- Dans un petit bol, mélanger la margarine et le sel à l'ail jusqu'à ce que le tout soit onctueux et facile à étendre.

- À l'aide d'un couteau bien affûté, couper des tranches de pain de 2,5 cm (1 po) en travers sans couper la croûte du fond pour la garder en un morceau. Badigeonner ou étendre généreusement le beurre à l'ail sur chacune des tranches et saupoudrer de paprika.

- Envelopper le pain dans une feuille d'aluminium.

- Cuire les pains 15 min. Ouvrir le papier d'aluminium et cuire de 10 à 15 min, jusqu'à ce que la croûte soit bien croustillante.

MON PAIN À L'AIL

- 3 gousses d'ail moyennes, coupées en deux
- ³/₄ c. à café (³/₄ c. à thé) de gros sel
- 3 c. à soupe d'huile d'olive extravierge
- 3 c. à soupe de beurre non salé
- 1 c. à soupe de persil frais, émincé
- 1 pain de campagne ou 1 pain rustique italien de 38 x 9 cm (15 x 3 ½ po)

SON PAIN À L'AIL

- 6 c. à soupe de margarine à température ambiante
- 1 ½ c. à café (1 ½ c. à thé) de sel à l'ail ou de sel à l'ail au persil
- 1 pain italien
- Paprika

VARIANTES

• Pour une seule tranche de pain à l'ail : Préchauffer le four à *broil*. Badigeonner une tranche de pain de beurre à l'ail, d'un seul côté. Sur une plaque à pâtisserie, faire griller la tranche de pain sous le gril jusqu'à l'apparition de petites bulles.

BÂTONNETS DE PAIN À L'AIL

Préchauffer le four à *broil*. À l'aide d'un couteau bien affûté, couper les extrémités de deux baguettes de 56 x 8 cm (22 x 3 po). Couper chaque pain en deux sur la longueur, puis encore en deux pour obtenir 8 morceaux. Couper chaque morceau en trois pour obtenir 24 bâtonnets. Badigeonner légèrement de beurre à l'ail du côté de la mie. Sur une plaque à pâtisserie, faire dorer le pain sous le gril jusqu'à ce qu'il commence à brunir.

Focaccia à l'ail

La focaccia est tout simplement une pizza épaisse. Elle est moins garnie que cette dernière et on la sert souvent comme pain pour accompagner les entrées. Cette recette traditionnelle, faite avec de l'huile d'olive légèrement parfumée à l'ail, peut être servie avec n'importe quel plat.

PÂTE

• Dans un petit bol, mélanger l'eau et le sucre. Saupoudrer la levure sur l'eau et laisser reposer environ 5 min, jusqu'à ce qu'une mousse épaisse se forme à la surface.

• Dans le bol du batteur électrique, mélanger la farine tout usage, la farine de semoule, la farine de maïs et le sel. Battre 1 min à faible vitesse. Ajouter la levure et battre 1 min à vitesse moyenne.

• Munir le batteur du crochet à pâte et pétrir à vitesse moyenne environ 5 min, jusqu'à ce que la pâte soit onctueuse, souple et élastique. Façonner une boule avec la pâte et la mettre dans un grand bol huilé. Retourner la pâte pour qu'elle soit bien huilée sur toutes les faces. Couvrir de pellicule plastique et laisser lever dans un endroit chaud à l'abri des courants d'air de 1 ½ à 2 h, jusqu'à ce qu'elle ait doublé de volume.

• Huiler légèrement un moule de 33 x 23 cm (13 x 9 po). Avec les mains légèrement huilées, presser la pâte au fond du moule. (Si la pâte est trop collante et difficile à manier, la couvrir avec un linge, la laisser reposer 10 min et l'étendre à nouveau.) Couvrir avec un linge et laisser lever de 45 à 60 min, jusqu'à ce que la pâte soit remplie de bulles d'air.

• Placer la grille du four dans la partie dans la partie inférieure du four. Préchauffer le four à 220 °C (425 °F).

• Pour la garniture, mélanger dans un petit bol l'huile et l'ail. Réserver.

• Avec le bout des doigts, faire des petits creux dans la pâte. Couvrir avec la garniture et, à l'aide d'un pinceau ou des doigts, faire pénétrer l'huile et l'ail dans les trous et sur les côtés de la pâte. Étendre les tranches d'ail uniformément sur la pâte. Couvrir de gros sel. Cuire au four de 20 à 25 min, jusqu'à ce que la foccacia soit dorée.

PÂTE

• 250 ml (1 tasse) d'eau chaude, à une température de 200 à 250 °C (105 à 115 °F)
• 1 c. à café (1 c. à thé) de sucre
• 1 c. à soupe de levure sèche active
• 420 g (2 ¾ tasses) de farine blanche tout usage
• 45 g (¼ tasse) de farine de semoule de blé dur
• 45 g (¼ tasse) de semoule de maïs jaune
• 1 c. à café (1 c. à thé) de gros sel

GARNITURE

• 60 ml (¼ tasse) d'huile d'olive extravierge
• 8 à 10 gousses d'ail moyennes, en tranches très fines

Bruschetta à l'ail grillé, aux tomates, au basilic et à la mozzarella fraîche

- 1 baguette d'environ 450 g (15 oz)
- 4 grosses gousses d'ail, coupées en deux
- ½ c. à café (½ c. à thé) de gros sel
- 2 c. à soupe de beurre non salé à température ambiante
- 1 c. à soupe d'huile d'olive
- 2 c. à soupe de persil plat frais, émincé
- 2 c. à soupe de basilic frais, émincé
- 2 boules de 120 à 150 g (4 à 5 oz) de mozzarella fraîche, en tranches
- 4 petites tomates de vigne mûres à température ambiante et coupées en 4 tranches
- 2 à 4 c. à soupe de parmesan, râpé (facultatif)
- 8 à 16 petites feuilles de basilic frais

PRÉPARATION

4 portions

Pour un repas facile à préparer, rien de mieux que cette recette. Vous pouvez aussi en servir de petits morceaux à vos invités pendant que le reste du repas cuit sur le barbecue. N'oubliez pas de garnir la bruschetta avec des gousses d'ail grillées juste avant de servir. Un pur régal.

- Préchauffer le barbecue au charbon de bois ou au gaz à feu moyen ou moyen-doux. Couper la baguette en deux sur la largeur, puis encore en deux, mais cette fois sur la longueur pour obtenir 4 morceaux.

- Saupoudrer les gousses d'ail de gros sel, émincer et écraser avec le plat du couteau pour obtenir une purée grossière. Transvider dans un petit bol, ajouter le beurre, l'huile, le persil, le basilic et bien mélanger. Étendre le beurre sur les morceaux de pain du côté de la mie.

- Avant de griller le pain, badigeonner entièrement la grille du barbecue d'huile végétale (de l'arrière vers l'avant pour ne pas se brûler.)

- Griller légèrement le pain de 1 à 2 min du côté de la mie. Retirer du feu. Retourner et déposer la mozzarella du côté du pain grillé. Remettre sur le gril, et cuire environ 2 min de l'autre côté. Quand la croûte est légèrement grillée et le fromage chaud, retirer du feu. (S'assurer de toujours avoir la même température pour empêcher le pain de brûler.) Ajouter les tomates, saupoudrer de parmesan et garnir de basilic. Couper chaque morceau de pain en travers et servir immédiatement.

Croûtons à l'ail pour tous les goûts

800 g (8 tasses)

Quelle est la différence entre une bonne salade et une salade extra-ordinaire ? Les croûtons, bien sûr ! (La même chose pour les soupes !) Choisissez un bon pain de semoule de blé dur ou de grains entiers. Au moment de faire la chapelure, écrasez les croûtons grossièrement afin qu'ils soient de grosseur irrégulière (gros comme des haricots noirs secs). La chapelure trop fine ressemble à de la sciure, ce qui est moins appétissant. Pour obtenir une chapelure grossière, mettez les croûtons dans un sac de plastique et écrasez-les à l'aide d'un rouleau à pâte. Pour faire de la chapelure fine, utilisez le robot de cuisine.

CROÛTONS À L'AIL

- Préchauffer le four à 150 °C (300 °F).

- Dans un petit bol, mélanger l'huile, l'ail et le sel.

- Mettre le pain dans un grand bol, verser le mélange d'huile et bien retourner pour que le pain soit imprégné sur toutes les faces. Saupoudrer de sucre et remuer.

- Déposer les croûtons sur une seule couche sur deux plaques à pâtisserie à bords hauts. Cuire environ 25 min, jusqu'à ce qu'ils soient dorés et croustillants. Retourner les croûtons à mi-cuisson afin qu'ils brunissent de manière uniforme. Laisser refroidir et conserver dans un contenant hermétique.

CROÛTONS À L'AIL ET AU PARMESAN

- Préchauffer le four à 150 °C (300 °F).

- Dans un petit bol, mélanger le beurre, l'huile, l'ail et le sel. Mettre le pain dans un grand bol, verser le mélange d'huile et bien retourner pour que le pain soit imprégné sur toutes les faces. Saupoudrer de fromage et de sucre et mélanger pour bien enrober les cubes de pain. Déposer les croûtons sur une seule couche sur deux plaques à pâtisserie à bords hauts. Cuire environ 25 min, jusqu'à ce qu'ils soient dorés et croustillants. Retourner les croûtons à mi-cuisson afin qu'ils brunissent de manière uniforme. Laisser refroidir et conserver dans un contenant hermétique.

CROÛTONS À L'AIL

- 80 ml (⅓ tasse) + 1 c. à soupe d'huile d'olive extravierge
- 4 gousses d'ail moyennes, émincées
- ½ c. à café (½ c. à thé) de gros sel
- 800 g (8 tasses) de pain italien de semoule de blé dur, légèrement rassis, en dés de 1,25 cm (½ po) (voir note p. 57)
- Une pincée de sucre

CROÛTONS À L'AIL ET AU PARMESAN

- 3 c. à soupe de beurre non salé, fondu
- 3 c. à soupe d'huile d'olive extravierge
- 4 gousses d'ail moyennes, émincées
- ½ c. à café (½ c. à thé) de gros sel
- 800 g (8 tasses) de pain italien à la semoule de blé dur, légèrement rassis, en dés de 1,25 cm (½ po) (voir note p. 57)
- 30 g (¼ tasse) de parmesan, râpé
- Une pincée de sucre

CROÛTONS À L'AIL ET AUX FINES HERBES

- 3 c. à soupe de beurre non salé, fondu
- 3 c. à soupe d'huile d'olive extravierge
- 4 gousses d'ail moyennes, émincées
- ½ c. à café (½ c. à thé) de piment en flocons
- ½ c. à café (½ c. à thé) d'origan frais, émincé
- 2 c. à café (2 c. à thé) de persil frais, émincé
- ¼ à ½ c. à café (¼ à ½ c. à thé) de romarin frais, émincé
- ½ c. à café (½ c. à thé) de gros sel
- 800 g (8 tasses) de pain italien à la semoule de blé dur, légèrement rassis, en dés de 1,25 cm (½ po) (voir note p. 57)
- Une pincée de sucre

PRÉPARATION

CROÛTONS À L'AIL ET AUX FINES HERBES

- Préchauffer le four à 150 °C (300 °F).

- Dans un petit bol, mélanger le beurre, l'huile, l'ail, le piment en flocons, l'origan, le persil, le romarin et le sel. Mettre le pain dans un grand bol, verser le mélange d'huile et bien retourner pour que le pain soit imprégné sur toutes ses faces. Saupoudrer de sucre et remuer.

- Déposer les croûtons sur une seule couche sur deux plaques à pâtisserie à bords hauts. Cuire environ 25 min, jusqu'à ce qu'ils soient dorés et croustillants. Retourner les croûtons à mi-cuisson afin qu'ils brunissent de manière uniforme. Laisser refroidir et conserver dans un contenant hermétique.

PLUS DE CROÛTONS ? C'EST LE TEMPS DE PASSER À TABLE ?

- Préchauffer le four à 150 °C (300 °F).

- Couper 3 tranches de 1,25 cm (½ po) de pain blanc italien ou de baguette. Badigeonner d'huile et saupoudrer de sel à l'ail.

- Couper les tranches en dés de 1,25 cm (½ po) et cuire sur une plaque à pâtisserie de 20 à 25 min. Quand ils sont dorés et croustillants, saupoudrer de parmesan râpé et laisser refroidir.

Hot-dogs à la sauce à l'ail

C'est Charles Feltman, un vendeur de Coney Island, qui a inventé le hot-dog dans les années 1890. En 1914, un homme du Michigan, George Todoroff, a eu l'heureuse idée d'y ajouter du ketchup, des oignons et de la moutarde. Au cours des trois décennies qui ont suivi, il a vendu 17 millions de hot-dogs. S'il les avait servis avec ma sauce à l'ail, il en aurait sûrement vendu le double...

SAUCE

• Dans un petit poêlon, sauter les oignons dans l'huile à feu moyen-doux. Remuer fréquemment jusqu'à ce qu'ils deviennent transparents. Ajouter l'ail et remuer de 1 à 2 min pour libérer l'arôme sans laisser brunir. Réserver.

• Dans une grande casserole, à feu moyen, mélanger les tomates, la sauce tomate, l'eau, le mélange d'ail réservé, l'assaisonnement au chili, la cassonade, le cumin, le paprika et le sel. Porter à ébullition, réduire la chaleur à moyen-doux et laisser mijoter. Cuire environ 1 h 30, en remuant de temps à autre, jusqu'à ce que la sauce épaississe. Ajouter la viande. Rectifier l'assaisonnement en sel et en assaisonnement au chili au besoin.

HOT-DOGS

• Chauffer un grand poêlon à feu moyen-vif. Beurrer les pains et les mettre dans la poêle, côté beurré vers le fond. Griller environ 1 min. On peut aussi les cuire à la vapeur comme l'a fait son créateur George Todoroff.

• Déposer une saucisse dans chaque pain. Garnir de sauce, d'oignons et de moutarde.

VARIANTE

Sloopy Joe : Cuire la sauce comme dans la recette principale en utilisant 720 g (1 ½ lb) de bœuf haché, cuit et émietté. Laisser mijoter à feu doux, jusqu'à ce que la sauce soit assez épaisse pour pouvoir l'étendre. Verser de 125 à 160 ml (½ à ⅔ tasse) de sauce sur la moitié d'un pain à hamburger et refermer avec l'autre moitié. Servir immédiatement.

SAUCE À L'AIL

• 1 petit oignon jaune, émincé finement
• 2 c. à soupe d'huile d'olive
• 150 g (⅔ tasse) d'ail, émincé
• 425 ml (1 ¾ tasse) de tomates concassées en conserve
• 250 ml (1 tasse) de sauce tomate
• 250 ml (1 tasse) d'eau
• 1 ½ c. à soupe d'assaisonnement au chili
• 1 petite c. à soupe de cassonade ou de sucre roux
• 1 c. à café (1 c. à thé) de cumin moulu
• 1 c. à café (1 c. à thé) de paprika
• ½ c. à café (½ c. à thé) de gros sel, ou plus au goût
• 360 g (12 oz) de steak haché, cuit et émietté

HOT-DOGS

• 4 à 6 pains à hot-dog
• 4 c. à soupe de beurre non salé à température ambiante
• 4 à 6 saucisses à hot-dog, grillées ou cuites au goût
• 1 petit oignon doux, émincé finement
• Moutarde

Sandwiches au thon, à l'aïoli et au fromage fondu

2 portions

- 180 g (6 oz) de thon en conserve dans l'eau ou dans l'huile, bien égoutté
- 1 gousse d'ail moyenne, écrasée
- 1 c. à café (1 c. à thé) de câpres, rincées, égouttées et hachées grossièrement
- 4 à 6 c. à soupe d'aïoli (p. 27)
- Gros sel et poivre frais moulu
- 2 muffins anglais, coupés en deux et légèrement grillés
- 120 g (4 oz) de fromage fontina, râpé

Oubliez le sandwich au thon que vous connaissiez jusqu'à maintenant. Voici une recette pour les gros appétits. L'aïoli maison et le fromage fontina font ici des miracles. Si vous avez la bonne idée d'ajouter du bacon croustillant, ce sera certes un moment mémorable de votre journée. Si vous êtes pressé, achetez de la mayonnaise, mais pourquoi vous priver?

- Préchauffer le four à *broil*.

- Dans un petit bol, défaire le thon en flocons. Ajouter l'ail et les câpres et mélanger. Ajouter 4 c. à soupe d'aïoli et continuer de bien mélanger. Saler, poivrer et ajouter le reste d'aïoli.

- Diviser le mélange de thon en 4 parties égales et répartir sur 4 tranches de muffin. Placer les muffins sur une plaque à pâtisserie. Parsemer de fromage et passer sous le gril de 2 à 4 min, jusqu'à la formation de bulle sur le fromage. Attention, le temps de cuisson peut varier selon la force du four et la distance entre la plaque et le gril.

VARIANTE

- Sandwich au thon, à l'aïoli, au bacon et au fromage fondu : remplacer les muffins anglais par 4 tranches de pain blanc. Faire des sandwiches et saupoudrer de fromage. Sur une des tranches, mettre 1 ou 2 tranches de bacon fumé cuites et croustillantes et couvrir avec la préparation au thon. Refermer le sandwich et presser. Dans un poêlon, à feu moyen, faire fondre 1 c. à soupe de beurre. Ajouter les sandwiches et cuire jusqu'à ce que le fond soit légèrement grillé. Retourner, ajouter du beurre au besoin et cuire de l'autre côté jusqu'à ce que le fromage soit fondu et le pain légèrement grillé.

Pizza blanche à l'ail rôti et aux pommes de terre

De nos jours, nous osons garnir la pizza avec les ingrédients les plus variés et les plus originaux qui soient. Quand j'ai envie du goût légèrement sucré de l'ail grillé, je prépare une pizza bianco. Si vous avez de la pâte à pizza congelée, vous pourrez réussir cette recette en un clin d'œil. Pour remplacer la pâte de tomates, j'utilise de la ricotta que je garnis de quartiers de pommes de terre nouvelles. La sauge fraîche et les câpres sont recommandées pour donner à cette pizza un caractère vraiment particulier.

- 2 têtes d'ail moyennes de 60 à 90 g (2 à 3 oz) chacune, rôties (voir p. 14)
- 240 g (8 oz) de pâte à pizza ou de pâte à pain, décongelée
- 60 ml (¼ tasse) d'huile d'olive extravierge
- 3 gousses d'ail moyennes, écrasées
- 180 g (6 oz) de pommes de terre nouvelles, bouillies et coupées sur la longueur en 6 ou 8 quartiers
- 450 g (15 oz) de ricotta de lait entier
- 1 c. à soupe de sauge fraîche, émincée grossièrement
- 16 à 20 câpres, égouttées et rincées
- Gros sel

- Préchauffer le four à 220 °C (425 °F).

- Quand l'ail rôti est suffisamment refroidi pour être manipulé, presser les gousses pour les détacher de leurs pelures et réserver. Saupoudrer deux plaques à pâtisserie de semoule de maïs jaune et réserver. Mettre la pâte sur une surface légèrement farinée et la couper en quatre. À l'aide d'un rouleau à pâtisserie, faire 4 cercles de 10 cm (4 po). Laisser reposer 10 min. Rouler ensuite des cercles de 20 cm (8 po) ayant 3 mm (⅛ po) d'épaisseur. Déposer 2 cercles de pâte par plaque. Rouler le bord de la pâte pour faire la croûte. Réfrigérer 30 min pour refroidir.

- Placer la grille du four dans la partie la plus basse.

- Dans un petit bol, mélanger l'huile et l'ail. Réserver.

- Retirer la pâte du réfrigérateur et badigeonner le dessus, y compris la croûte, avec le mélange d'huile et d'ail. À l'aide du dos d'une cuillère ou avec les doigts, étendre la ricotta sur chaque pizza, sauf sur la croûte. Disposer les quartiers de pommes de terre en cercle de façon qu'ils irradient à partir du centre. Déposer une gousse d'ail rôtie entre les quartiers. Parsemer de sauge et de câpres. Verser un filet d'huile à l'ail et saupoudrer généreusement de sel.

- Cuire de 10 à 12 min, jusqu'à ce que les pommes de terre et la croûte soient dorées.

PÂTES ET RISOTTOS

Spaghettis à l'ail et à l'huile d'olive

Ail, huile d'olive et spaghettis : trois ingrédients indispensables de la cuisine italienne. Faciles à préparer, délicieux et peu coûteux, ils ont de quoi rendre tout le monde heureux. Achetez des ingrédients de première fraîcheur. Même le persil mérite qu'on y prête la plus grande attention, tout comme l'ail, les pâtes et l'huile d'olive. Si vous préférez le persil frisé au persil plat, il n'en tient qu'à vous !

• Préparer les spaghettis selon les directives de l'emballage. Dans une grande casserole d'eau bouillante salée, cuire les pâtes *al dente*. Réserver 125 ml (½ tasse) d'eau de cuisson. (Conseil pour le service : pendant la cuisson des pâtes, déposer le plat de service sur la casserole d'eau bouillante pour le réchauffer.) Égoutter et transvider les pâtes dans le plat chaud.

• Pendant ce temps, dans une petite casserole, chauffer l'huile à feu moyen-doux. Ajouter l'ail et le piment et cuire environ 5 min, jusqu'à ce que l'ail soit cuit sans être brun. Retirer du feu, verser sur les pâtes et mélanger. Ajouter le persil et mélanger de nouveau. Si le tout semble trop sec, ajouter un peu d'eau de cuisson des pâtes. Servir chaud dans des bols peu profonds. Garnir de fromage, saler et poivrer.

PRÉPARATION

- 240 g (8 oz) de spaghettis, de linguines ou de capellinis
- 125 ml (½ tasse) d'huile d'olive extravierge
- 4 grosses gousses d'ail, émincées
- ¼ à ½ c. à café (¼ à ½ c. à thé) de piment en flocons
- 15 g (⅓ tasse) de persil plat frais, émincé finement
- Pecorino romano, râpé
- Gros sel et poivre frais moulu

VARIANTE

Faim pour un petit extra? Ajoutez un ou plusieurs ingrédients
en même temps que le persil:

1 c. à soupe ou plus de zeste de citron râpé

3 c. à soupe ou plus de noix nature
ou grillées, hachées

3 c. à soupe ou plus de petites câpres

2 à 3 c. à soupe de croûtons à l'ail émiettés (p. 64)

180 g (6 oz) de thon conservé
dans l'huile d'olive, bien égoutté

Tranches de champignons ou de légumes au choix, légèrement sautés à
l'huile d'olive ou cuits dans l'eau des pâtes pendant la dernière minute
de cuisson

PENNES ALL'ARRABBIATA

• Suivre la recette de base en utilisant des pennes et cuire selon
les directives de l'emballage. Utiliser ici une casserole de grandeur
moyenne pour sauter l'ail, avec le piment, jusqu'à ce qu'il commence
à dorer. Verser 875 ml (3 ½ tasses) de tomates italiennes en conserve
dans leur jus et, à l'aide d'un moulin à légumes, broyer les tomates
directement au-dessus de la casserole. Laisser mijoter 25 min à feu doux
en mélangeant de temps à autre. Laisser réduire légèrement. Saler au
besoin et servir tel qu'indiqué dans la recette de base.

Pâtes aux tomates grillées, à l'ail et à la mozzarella fraîche

4 portions

Les arômes exquis de ce plat pourtant très simple vous donneront envie de répéter l'expérience plusieurs fois. Attention à la présentation : la sauce doit être servie au milieu des pâtes. Couvrez-la ensuite de mozzarella fraîche en cubes. Elle se réchauffera et fondra instantanément. Une véritable joie gastronomique !

- Préchauffer le four à 190 °C (375 °F).

- Dans un plat en verre de 33 x 23 x 5 cm (12 x 9 x 2 po), mélanger l'huile, l'ail et le piment en flocons. Ajouter les tomates et remuer doucement. Rôtir 45 min en remuant de temps à autre. Incorporer le basilic et ½ c. à café (½ c. à thé) de gros sel et cuire 15 min de plus. Ajouter les câpres, la pâte d'anchois et cuire de 25 à 40 min, jusqu'à ce que les tomates soient rôties et la sauce épaisse. (Le temps de cuisson varie selon la quantité de jus dans les tomates.) Réserver.

- Pendant ce temps, préparer les pâtes selon les directives de l'emballage. Dans une grande casserole d'eau bouillante salée, cuire les pâtes *al dente*. Égoutter et partager les pâtes dans 4 bols peu profonds réchauffés.

- Napper les pâtes avec 80 ml (⅓ tasse) de sauce. Disposer la mozzarella de chaque côté de la sauce sur les pâtes chaudes. Saupoudrer de parmesan. Déposer sur la table du sel, du poivre et du parmesan pour satisfaire les goûts de chacun.

- On peut faire cette sauce 2 h à l'avance et la laisser refroidir à température ambiante. On peut aussi la laisser refroidir, la couvrir et la conserver jusqu'à 3 jours dans le réfrigérateur. Il est possible de la congeler jusqu'à 3 mois dans un contenant hermétique. Avant de servir, la réchauffer à feu moyen-doux.

PRÉPARATION

- 3 c. à soupe d'huile d'olive extravierge
- 6 à 7 grosses gousses d'ail, émincées
- ¼ c. à café (¼ c. à thé) de piment en flocons
- 6 à 8 tomates mûres, évidées et coupées en 8 morceaux
- 20 g (½ tasse) de basilic frais, haché
- ½ c. à café (½ c. à thé) de gros sel
- 1 c. à soupe de petites câpres
- 1 ½ c. à café (1 ½ c. à thé) de pâte d'anchois
- 480 g (1 lb) de pâte farfalles ou de fusillis
- 1 boule de mozzarella fraîche de 120 g (4 oz), en dés de 1,25 cm (½ po)
- 120 g (1 tasse) de parmigiano reggiano frais, râpé
- Gros sel et poivre frais moulu

Macaronis aux six gousses d'ail et au fromage

- 500 ml (2 tasses) de lait entier
- 425 ml (1 ¾ tasse) de lait évaporé
- 6 grosses gousses d'ail, émincées
- 1 grosse feuille de laurier
- 4 grains entiers de piment de la Jamaïque
- ¼ c. à café (¼ c. à thé) de piment en flocons
- 1 c. à café (1 c. à thé) de gros sel
- 4 ½ c. à soupe de beurre non salé
- 4 ½ c. à soupe de farine blanche tout usage
- Environ 2 c. à café (2 c. à thé) de moutarde de Dijon
- Environ 240 g (2 tasses) de fromage cheddar blanc extrafort, râpé
- 30 g (¼ tasse) de parmigiano reggiano, râpé et un peu plus pour garnir
- Gros sel
- 240 g (8 oz) de macaronis, torsadés de préférence
- 125 g (½ tasse) de croûtons à l'ail (p. 64) ou du commerce, broyés

J'ai toujours cru que mes macaronis à l'ail étaient sublimes, mais quand j'ai goûté ceux du chef Leather Storr, j'ai révisé ma recette avec joie. Un peu de feuille de laurier et de piment de la Jamaïque, et tout est renouvelé pour le meilleur !

- Dans une petite casserole à fond épais, à feu moyen, mélanger le lait, le lait évaporé, l'ail, la feuille de laurier, le piment de la Jamaïque, le piment en flocons et le sel. Chauffer jusqu'à ébullition, retirer du feu et réserver.

- Pendant ce temps, dans une autre casserole à fond épais, faire fondre le beurre à feu moyen-doux. Ajouter la farine et mélanger 5 min. Ne pas laisser brunir. Retirer du feu. Verser ensuite 250 ml (1 tasse) du mélange de lait chaud et fouetter jusqu'à l'obtention d'une pâte épaisse. Ajouter lentement le reste du lait, sans cesser de remuer, jusqu'à ce que la pâte devienne de plus en plus lisse. Quand on en a terminé avec le lait, remettre la casserole à feu moyen-doux environ 15 min, jusqu'à léger épaississement du liquide. Racler le fond fréquemment pour empêcher de brûler. Fermer le feu, ajouter la moutarde, le cheddar et le parmesan. Filtrer la sauce dans une passoire fine en pressant à l'aide d'une spatule en caoutchouc. Rectifier l'assaisonnement en ajoutant du sel, de la moutarde et du fromage au besoin. (Pour intensifier le goût, ajouter un trait de tabasco.)

- Dans une casserole remplie d'eau bouillante salée, cuire les macaronis 5 min à gros bouillons. Ils doivent rester fermes. Égoutter et mélanger avec la moitié de la sauce. Déposer les pâtes dans 4 ou 6 petits ramequins de 250 ml (1 tasse). Les pâtes doivent être bien gorgées ; si elles ne le sont pas suffisamment, rajouter de la sauce. À ce moment-ci, il est possible de faire refroidir la sauce, la couvrir et la conserver dans le réfrigérateur jusqu'à 2 jours.

- Préchauffer le four à 180 °C (350 °F). Déposer les ramequins sur une plaque à pâtisserie. Saupoudrer de croûtons broyés et de parmesan et cuire 25 min. Cuire environ 3 min sous le gril, à 10 cm (4 po) de la source de chaleur, jusqu'à l'apparition de petites bulles grillées sur le fromage. Servir immédiatement.

Linguines et sauce
aux palourdes et à l'ail

Ail, citron, persil, parmesan et palourdes : voilà un plat frais et léger qui se fait en un clin d'œil. La quantité de liquide varie d'une boîte de palourdes à l'autre. S'il en manque, ajoutez tout simplement du vin blanc.

- Égoutter les palourdes et conserver le jus séparément.

- Dans une casserole moyenne à fond épais, faire fondre le beurre dans l'huile à feu moyen-doux. Ajouter l'ail et sauter de 2 à 3 min pour l'attendrir et libérer l'arôme. Ne pas laisser brunir. Ajouter le jus de palourdes, le vin, l'origan et ¼ c. à café (¼ c. à thé) de poivre. Porter à ébullition, réduire la chaleur et laisser mijoter 5 min à feu doux. Ajouter les palourdes et cuire jusqu'à ce qu'elles soient bien chaudes.

- Pendant ce temps, préparer les linguines selon les directives de l'emballage. Dans une grande casserole d'eau bouillante salée, cuire les pâtes *al dente*. (Conseil pour le service : quand l'eau des pâtes est chaude, déposer le plat de service sur la casserole pour le réchauffer.) Égoutter et transvider les pâtes dans le plat chaud.

- Ajouter le zeste et le jus de citron de même que le persil dans la sauce aux palourdes. Saler au goût. Verser la sauce sur les pâtes et mélanger. Servir dans des bols peu profonds réchauffés. Déposer sur la table le fromage, le sel et le poivre pour satisfaire les goûts de chacun.

- 540 g (18 oz) de palourdes en conserve dans leur jus, émincées
- 1 c. à soupe de beurre non salé
- 1 c. à soupe d'huile d'olive
- 4 à 6 grosses gousses d'ail, écrasées
- 125 ml (½ tasse) de vin blanc ou de vermouth
- Une pincée d'origan séché et broyé
- ¼ c. à café (¼ c. à thé) de poivre blanc ou noir frais moulu
- 480 g (1 lb) de linguines
- Le zeste râpé d'un petit citron
- Le jus d'un petit citron
- 2 à 3 c. à soupe de persil plat frais, émincé
- Environ ½ c. à café (½ c. à thé) de gros sel
- 60 g (½ tasse) de parmigiano reggiano, râpé (facultatif)
- Poivre frais moulu

Lasagnes à l'ail rôti
et aux épinards frais

Voici ma recette préférée de lasagnes. À cause de l'ail rôti, bien sûr, mais aussi de la ricotta fraîche dont le goût est supérieur à celui de la ricotta vendue en contenants de plastique. Si vous trouvez des épinards biologiques, ce plat n'en sera que plus savoureux. Si vous le pouvez, préparez ce mets la veille, ce qui permettra aux différentes saveurs de se mélanger.

- 2 grosses têtes d'ail rôties d'environ 90 g (3 oz) chacune (voir p. 14)
- 480 g (1 lb) de ricotta, fraîche de préférence
- 60 g (2 tasses) de feuilles de basilic frais, non tassées
- Gros sel et poivre frais moulu
- 2 œufs, légèrement battus
- 420 g (14 oz) de lasagnes frisées
- 375 g (12 oz) de jeunes pousses d'épinards, équeutées et rincées
- Environ 1,5 litre (6 tasses) de sauce marinara sans viande
- 480 g (1 lb) de mozzarella, râpée
- 60 g (½ tasse) de parmesan, râpé
- 60 g (½ tasse) de pecorino romano, râpé

- Presser les gousses tendres pour les détacher de leur enveloppe et hacher grossièrement. Déposer dans un bol avec la ricotta et bien mélanger. Ajouter le basilic, le sel, le poivre et les œufs. Mélanger et réserver.

- Dans une grande casserole remplie d'eau bouillante salée, cuire 4 à 5 lasagnes à la fois, environ 10 min, jusqu'à ce qu'elles ramollissent. Retirer les pâtes à l'aide d'une écumoire ou d'une pince et les plonger dans l'eau froide. Quand elles sont refroidies, les étendre sur un linge propre pour les égoutter.

- Dans une grande casserole, à feu moyen, ajouter les épinards et l'eau de rinçage restée sur les feuilles. Couvrir et cuire de 3 à 5 min, jusqu'à ce que les feuilles soient ramollies. Remuer de temps à autre avec une pince. Égoutter dans une passoire fine et presser avec le dos d'une cuillère pour enlever l'excédent d'eau. Hacher grossièrement et mélanger avec la ricotta.

- Pour la préparation de la lasagne, étendre 125 ml (½ tasse) de sauce au fond d'un plat de cuisson de 33 x 23 x 5 cm (13 x 9 x 2 po). Couvrir entièrement le fond d'une couche de lasagnes. Étendre le tiers du mélange de ricotta sur les pâtes et parsemer avec le tiers de la mozzarella. Étendre environ 375 ml (1 ½ tasse) de sauce sur le fromage râpé et répéter l'opération deux autres fois pour obtenir trois étages. Presser légèrement entre chaque couche pour bien imprégner les pâtes de sauce. Pour la dernière couche, étendre le reste de la sauce sur les pâtes et parsemer le dessus de parmesan et de pecorino romano. Couvrir délicatement d'une feuille d'aluminium en s'assurant qu'elle ne touche pas au fromage. Cette recette peut se faire 3 jours à l'avance et il suffit de la refroidir, de la couvrir et de la réfrigérer. On peut aussi la congeler jusqu'à 3 mois. Laisser décongeler dans le réfrigérateur avant de la cuire au four.

- Préchauffer le four à 180 °C (350 °F). Faire une douzaine de petits trous dans la feuille d'aluminium et cuire la lasagne 35 à 40 min, jusqu'à ce qu'elle soit très chaude. On peut mettre le plat sous le gril quelques minutes, jusqu'à l'apparition de petites bulles grillées sur le fromage. Laisser reposer de 10 à 15 min avant de servir.

Risotto à l'ail, aux petits pois et à l'huile de truffe

- 1 c. à soupe de beurre
- 1 c. à soupe d'huile d'olive
- 3 à 4 grosses gousses d'ail, écrasées
- 240 g (1 tasse) de riz arborio
- 125 ml (½ tasse) de vermouth très sec
- 1 litre (4 tasses) de bouillon de poulet, chaud
- 125 g (½ tasse) de petits pois frais ou décongelés
- 30 g (¼ tasse) de parmesan, râpé
- Gros sel et poivre frais moulu
- Huile de truffe ou huile d'olive très fruitée

Donnez-moi un peu de temps, un verre de vin et quelques bons ingrédients et je vous concocterai un bon risotto. Excellent comme entrée ou plat principal, Servez-le avec une salade croquante et un verre de soave classico. L'ail parfume harmonieusement ce plat. Le vermouth lui donne de la profondeur et les petits pois, de la couleur. Quant à l'huile de truffe, elle est tout simplement envoûtante. Achetez du riz arborio véritable et n'ajoutez pas trop de liquide en même temps. Si vous avez la patience de remuer encore et encore, vous réussirez un chef-d'œuvre.

- Dans un poêlon à fond épais, faire fondre le beurre dans l'huile à feu moyen. Ajouter l'ail et cuire de 1 à 2 min pour libérer l'arôme. Ajouter le riz et remuer sans cesse jusqu'à ce que les grains soient transparents et qu'on puisse apercevoir l'œil du riz au bout des grains. Ne pas laisser brunir le riz et l'ail.

- Ajouter le vermouth et remuer jusqu'à ce que le liquide soit presque complètement absorbé. Ajouter du bouillon chaud, 125 ml (½ tasse) à la fois, et bien mélanger entre chaque addition. Goûter après 15 min de cuisson ; le riz doit être ferme sous la dent. Ajouter les pois et continuer de verser le bouillon, 125 ml (½ tasse) à la fois. Goûter encore après 5 min. Le riz devrait être tendre sous la dent.

- Retirer du feu, ajouter le fromage, saler et poivrer. Partager le riz dans des bols peu profonds réchauffés. Garnir d'un filet d'huile de truffe. Servir très chaud.

- Passer l'huile à la table pour que chaque convive puisse se servir à son goût.

Tomates farcies au risotto

Servez ces tomates en entrée ou comme mets principal. Doublez la recette et servez-la comme entrée avec une grosse Salade César (p. 52) et un bon verre de votre vin rouge préféré.

- Préchauffer le four à 200 °C (400 °F).

- Équeuter et décalotter la tomate au tiers, du côté du pédoncule, et réserver le chapeau. À l'aide d'une petite cuillère, enlever les graines et la pulpe sans percer la peau. Égoutter la pulpe dans une passoire fine au-dessus d'un bol. On peut réserver le jus et l'utiliser pour remplacer une partie du bouillon. Dresser les tomates bien serrées les unes contre les autres dans un plat moyen allant au four. Réserver.

- Dans un poêlon, faire sauter les saucisses dans l'huile à feu moyen, jusqu'à ce qu'elles perdent leur couleur rosée et commencent à brunir. Baisser le feu à température moyenne, ajouter l'ail et cuire 1 à 2 min pour libérer l'arôme.

- Ajouter le riz et le vermouth. Mélanger constamment jusqu'à ce que le riz ait presque complètement absorbé le liquide. Ajouter le bouillon chaud, 125 ml (½ tasse) à la fois, et mélanger constamment entre chaque addition, jusqu'à ce que le bouillon soit presque complètement absorbé. Goûter après 15 min de cuisson; le riz doit être ferme sous la dent. Retirer du feu, ajouter le basilic, saler et poivrer.

- À l'aide d'un ciseau ou d'un couteau, ciseler ou émincer la pulpe de tomates réservée dans une passoire placée au-dessus d'un bol et laisser tout le jus s'écouler. Déposer entre 80 et 125 ml (⅓ à ½ tasse) de pulpe dans le riz. Jeter le reste de la pulpe ou le garder pour une autre recette.

- À l'aide d'une cuillère, farcir les tomates avec le mélange. (Il ne devrait pas en rester ou très peu.) Placer les chapeaux sur les tomates. Arroser d'un trait d'huile. Cuire au four environ 1 h, jusqu'à ce que les tomates soient légèrement grillées et que le riz soit tendre et gonflé. Retirer du four et laisser refroidir les tomates 10 min dans le liquide de cuisson. À l'aide d'une grande écumoire, retirer délicatement chaque tomate du plat et servir chaud ou à température ambiante.

PRÉPARATION

- 4 tomates moyennes fermes de 240 g (8 oz) chacune
- 150 g (5 oz) de saucisses italiennes douces maigres, émiettées
- 1 c. à soupe d'huile d'olive et un peu plus pour servir
- 4 à 5 grosses gousses d'ail, émincées
- 125 g (½ tasse) de riz arborio
- 125 ml (½ tasse) de vermouth sec
- 375 ml (1 ½ tasse) de bouillon de légumes ou d'eau, chaud
- 10 g (⅓ tasse) de feuilles de basilic frais
- Gros sel et poivre frais moulu

VIANDE, VOLAILLE ET FRUITS DE MER

Biftecks d'aloyau grillés et sauce piquante à l'ail et au bourbon

Le bifteck d'aloyau est meilleur cuit sur le gril. Utilisez des tomates fraîches et des tomates en conserve. Vous pouvez aussi omettre de laisser mijoter la sauce, ce qui lui donne l'allure d'une salsa.

SAUCE

- Préchauffer le four à 180 °C (350 °F). Huiler une plaque à pâtisserie à bords hauts et étendre les tranches de tomate sur une seule couche. Cuire de 35 à 40 min, jusqu'à ce qu'elles commencent à plisser et que les bords commencent à brunir.

- Pendant ce temps, dans une petite casserole, porter à ébullition le bourbon et réduire de moitié. Réserver.

- Dans un robot de cuisine, déposer les tomates rôties, le bourbon, l'ail, les tomates en conserve, l'huile, la sauce Worcestershire, la sauce Pickapeppa, la cassonade, le sel et 1 c. à café (1 c. à thé) de piments. Mélanger jusqu'à ce que le tout devienne onctueux. Transvider dans une casserole et laisser mijoter 5 min. Réserver et laisser refroidir pour amalgamer les arômes. Rectifier l'assaisonnement avec 1 c. à café (1 c. à thé) de piments au besoin.

STEAKS

- Saler et poivrer les biftecks de chaque côté. Verser 125 ml (½ tasse) de sauce au bourbon dans un petit bol et badigeonner la viande. Laisser reposer le temps de préparer le gril. (Utiliser un pinceau pour badigeonner la viande pendant les 5 dernières minutes de cuisson.)

- Préchauffer le barbecue au charbon de bois ou au gaz à haute température. Avant la cuisson, essuyer la grille, de l'arrière vers l'avant, avec un chiffon trempé dans l'huile végétale. Cuire les biftecks de 4 à 6 min de chaque côté pour une cuisson saignante-à point (environ à 63 °C (145 °F). Après la cuisson, laisser reposer 5 min dans un plat ovale et servir avec le reste de la sauce.

NOTE : Si on ne trouve pas de piments chipotles en conserve, utiliser ¾ c. à café (¾ c. à thé) de piment en flocons. Le goût sera moins fumé, mais plus poivré.

PRÉPARATION

- 280 g (12 oz) de tomates italiennes, coupées sur la longueur en tranches de 6 mm (¼ po)
- 250 ml (1 tasse) de bourbon
- 3 grosses gousses d'ail, pressées
- 360 g (12 oz) de tomates prunes entières en conserve, égouttées et réduites en purée
- 1 c. à soupe d'huile d'olive
- ¾ c. à café (¾ c. à thé) de sauce Worcestershire
- 1 c. à soupe de sauce Pickapeppa la plus douce (sauce chili)
- 1 c. à café (1 c. à thé) comble de cassonade ou de sucre roux
- ½ c. à café (½ c. à thé) de gros sel
- 1 à 2 c. à café (1 à 2 c. à thé) de piments chipotles en conserve, hachés (voir note)
- 4 biftecks d'aloyau de 360 g (12 oz) et de 2,5 cm (1 po) d'épaisseur chacun à température ambiante
- Gros sel et poivre frais moulu

Filets de bœuf
à la sauce au porto et à l'ail

2 portions

- 2 morceaux de filets de bœuf de 180 à 240 g (6 à 8 oz) et 5 cm (2 po) d'épaisseur chacun
- Gros sel et poivre frais moulu
- 2 c. à soupe d'huile d'olive
- 250 ml (1 tasse) de porto
- 2 c. à soupe de vinaigre balsamique
- 1 grosse gousse d'ail, émincée
- 1 c. à soupe de beurre non salé, en morceaux

PRÉPARATION

Voici une recette pour les occasions spéciales. La sauce au porto se prépare rapidement dans la poêle en fonte ayant servi à la cuisson de la viande. Chaque cuillerée est assurément divine. L'ail ajoute un parfum élégant au caractère intense du porto.

- Préchauffer le four à 180 °C (350 °F). Saler et poivrer légèrement les filets. Laisser reposer la viande à température ambiante.

- Dans un poêlon en fonte de 25 cm (10 po), chauffer l'huile 1 min à feu moyen-vif. Frire les filets 4 min de chaque côté. (À l'aide d'une pince, griller les côtés des filets en les retournant dans la poêle chaude.)

- Déposer la poêle dans le four. Pour une cuisson saignante-à point, piquer un thermomètre au centre d'un filet et cuire environ 15 min, jusqu'à ce que la température atteigne 54 à 57 °C (130 à 135 °F). À l'aide de gants de cuisine, retirer la poêle du four. Déposer les filets dans un plat et laisser reposer au four à découvert de 5 à 7 min pour terminer la cuisson. La température devrait atteindre 60 °C (140 °F).

- Pendant ce temps, à l'aide d'un gant protecteur, retirer le liquide de la poêle, sauf 2 c. à café (2 c. à thé). Ajouter le porto et le vinaigre. Porter à ébullition, mélanger et racler le fond de la poêle pour déglacer. Réduire la sauce de moitié et laisser épaissir légèrement. Retirer du feu, incorporer immédiatement l'ail et le beurre et bien mélanger. Déposer la viande dans les assiettes et napper avec un peu de sauce. Passer le reste de la sauce à la table.

Côtelettes d'agneau grillées à l'ail et au romarin

4 portions

Ces côtelettes sont un incontournable sur le barbecue, surtout si vous les servez avec d'autres grillades comme des saucisses à l'ail ou des blancs de poulet marinés. Servez-les avec Ma purée de pommes de terre à l'ail (p. 107), le Sauté d'épinards à l'ail et au zeste de citron (p. 106) ou la Salade César (p. 52). Il ne reste plus qu'à terminer le repas avec la Crème glacée à l'ail divine et audacieuse (p. 121).

- 6 grosses gousses d'ail, coupées en deux
- 2 c. à café (2 c. à thé) de gros sel
- 125 ml (½ tasse) de jus de citron frais pressé
- 125 ml (½ tasse) d'huile d'olive
- 60 ml (¼ tasse) d'huile d'arachide ou d'huile végétale
- 2 c. à café (2 c. à thé) de poivre frais moulu
- 1 c. à soupe de romarin frais, émincé
- 8 côtelettes de filet d'agneau de 175 à 240 g (6 à 8 oz) et 5 cm (2 po) d'épaisseur chacune

- Saupoudrer les gousses d'ail de sel, émincer et écraser avec le plat du couteau pour obtenir une purée grossière.

- Transvider la purée dans un pot muni d'un couvercle. Ajouter le jus de citron, l'huile d'olive, l'huile d'arachide, le poivre et le romarin. Fermer le couvercle et mélanger vigoureusement. Laisser reposer 30 min et mélanger de nouveau.

- Déposer les côtelettes sur une plaque de cuisson. Verser la marinade de chaque côté des côtelettes et s'assurer qu'il y ait de l'ail et du romarin sur chacune d'elles. Couvrir et laisser mariner 3 h dans le réfrigérateur en prenant soin de retourner les côtelettes une ou deux fois pendant le temps de macération. Pour un goût léger d'ail, laisser mariner 1 h; pour un goût plus prononcé, laisser mariner 6 h. Retirer du réfrigérateur 30 min avant de les faire griller. Conserver la marinade pour la cuisson.

- Préchauffer le barbecue au charbon de bois ou au gaz à température moyenne-élevée.

- Badigeonner entièrement la grille du barbecue d'huile végétale (de l'arrière vers l'avant, pour ne pas se brûler). Pour une cuisson saignante-à point (57 à 60 °C) (135 à 140 °F), griller les côtelettes de 5 à 8 min de chaque côté. Utiliser une pince pour cuire le côté des côtelettes. Pendant les 2 à 3 dernières minutes de cuisson, badigeonner les côtelettes de marinade. Au terme de la cuisson, mettre les côtelettes dans un plat de service et laisser reposer 5 min avant de servir.

VARIANTE

- Poulet grillé à l'ail et au romarin: Laisser mariner des morceaux de poulet (environ 1,8 kg/4 lb) dans un plat de cuisson placé dans le réfrigérateur. Procéder comme pour la recette principale en plaçant les pilons et les cuisses sur le gril, peau tournée vers le bas. Cuire de 1 à 2 min de chaque côté. Ajoutez ensuite les blancs de volaille, peau vers le bas. (Attention aux éclaboussures produites par le gras. Déplacer les morceaux de volaille sur la partie la moins chaude du gril si les flammes montent trop haut.) Cuire environ 6 min, retourner et cuire de 6 à 8 min de plus. Badigeonner le poulet avec la marinade restée dans le plat de cuisson au cours des 2 ou 3 dernières minutes de cuisson.

Hachis parmentier en croûte d'ail

POMMES DE TERRE

• Déposer les pommes de terre dans une grande casserole d'eau bouillante salée. Cuire à feu moyen-vif de 15 à 20 min, jusqu'à ce qu'elles soient tendres. Égoutter à l'aide d'une passoire et remettre dans la casserole. À l'aide d'un moulin à légumes, réduire les pommes de terre en purée. Ajouter le beurre, la crème sure et l'ail. Mélanger pour obtenir une texture lisse et onctueuse. Réserver.

FARCE À L'AGNEAU

• Dans un grand poêlon, chauffer l'huile à feu moyen. Sauter les oignons 10 min en remuant de temps à autre. Ajouter l'agneau, cuire 5 min en défaisant la viande à l'aide d'une cuillère de bois. Ajouter l'ail et cuire jusqu'à ce que la viande soit grillée. Égoutter le gras.

• Saupoudrer la farine sur la viande et continuer la cuisson 2 min sans cesser de remuer. Ajouter le bouillon, les herbes et la muscade. Porter à ébullition, réduire la chaleur et laisser mijoter 10 min. Rectifier l'assaisonnement en sel et en poivre au besoin. Retirer du feu et laisser refroidir légèrement.

ASSEMBLAGE

• Préchauffer le four à 180 °C (350 °F).

• Partager la viande dans 4 ramequins individuels ou dans un plat de cuisson de 23 cm (9 po). Pour faire la croûte, déposer les pommes de terre en pics sur la viande et cuire environ 30 min jusqu'à ce qu'elles deviennent dorées. Garnir de brins d'origan.

PURÉE DE POMMES DE TERRE EN CROÛTE D'AIL

• 2 grosses pommes de terre Russet, pelées et coupées en quartiers
• 2 c. à soupe de beurre non salé
• 60 ml (¼ tasse) de crème sure entière ou légère
• 2 gousses d'ail moyennes, écrasées

FARCE À L'AGNEAU

• 2 c. à soupe d'huile d'olive
• 1 oignon moyen ou gros, haché
• 480 g (1 lb) d'agneau, haché
• 4 gousses d'ail moyennes, émincées
• 1 c. à soupe de farine blanche tout usage
• 175 ml (¾ tasse) de bouillon de bœuf
• 1 c. à café (1 c. à thé) de thym séché
• 1 c. à café (1 c. à thé) d'origan frais, haché
• 1 c. à café (1 c. à thé) de romarin frais, haché
• Brins d'origan frais (facultatif)
• Une pincée de muscade moulue
• Gros sel et poivre frais moulu

Ragoût d'agneau aux carottes et aux pommes de terre nouvelles

6 portions

- 1,4 kg (3 lb) d'épaule ou de gigot d'agneau, désossé et coupé en cubes de 4 cm (1 ½ po)
- 60 ml (¼ tasse) d'huile d'olive
- 1 gros oignon, haché finement
- 10 à 12 gousses d'ail moyennes, émincées
- 45 g (¼ tasse) de farine blanche tout usage
- 1 litre (4 tasses) de bouillon de volaille
- 500 ml (2 tasses) de vermouth sec
- Le jus de 2 citrons
- 4 brins de romarin de 10 à 13 cm (4 à 5 po) de longueur
- 2 petites feuilles de laurier
- 2 c. à café (2 c. à thé) de gros sel, ou plus au goût
- 2 c. à café (2 c. à thé) de poivre frais moulu, ou plus au goût
- 6 carottes effilées, pelées et coupées en travers en tranches de 6 mm (¼ po)
- 24 petites pommes de terre rouges, en quartiers
- 12 à 16 oignons perlés entiers, pelés (facultatif)
- Persil frais, émincé

Des arômes d'agneau, de romarin et d'ail envahiront votre cuisine. Les morceaux de viande et de légumes seront si tendres qu'ils se déferont à la fourchette. La sauce est ce que j'aime le plus dans ce ragoût réconfortant. Quoi de plus agréable que de la savourer jusqu'à la dernière goutte avec un gros morceau de baguette croustillante? Si vous préparez ce mets la veille, il sera encore meilleur le lendemain, mais la saveur d'ail sera peut-être un peu moins prononcée.

- Retirer le surplus de gras sur la viande. Dans un grand faitout, chauffer l'huile à feu moyen-vif et faire dorer les cubes d'agneau. Retirer les morceaux de viande à l'aide d'une écumoire. Réserver.

- Faire sauter les oignons et l'ail jusqu'à ce qu'ils deviennent transparents. Réduire à feu moyen, ajouter la farine et cuire de 2 à 3 min jusqu'à ce que le liquide soit absorbé et que le mélange se transforme en purée. Verser lentement le bouillon, le vermouth et le jus de citron. Ajouter le romarin, le laurier, le sel et le poivre.

- Remettre l'agneau dans le faitout et porter à légère ébullition. Laisser mijoter 45 min. (À ce moment-ci, on peut écumer le surplus de gras.) Ajouter les carottes, les pommes de terre et les petits oignons. Cuire de 45 à 60 min, jusqu'à ce que la viande et les légumes soient tendres. Retirer le laurier et le romarin. Servir dans des assiettes creuses et garnir de persil.

Saucisses grillées à l'ail, avec ratatouille et polenta au gorgonzola

Cette recette est une création du chef américain Randall Cronwell qui l'a inscrite au menu de son restaurant. En entrée, il sert une salade à la vinaigrette au champagne et, pour dessert, il propose une compote chaude de petits fruits rehaussée de crème glacée à la vanille. Ces saucisses sont merveilleuses avec un bon verre de zinfandel ou de Rioja.

SAUCISSES

• Piquer chaque saucisse 4 ou 6 fois. Placer les saucisses sur une seule couche dans une sauteuse, couvrir d'eau, porter à légère ébullition et faire pocher 4 à 5 min, jusqu'à mi-cuisson. Déposer sur une grille et égoutter avec du papier absorbant. (Si l'on ne fait pas griller les saucisses, les pocher de 8 à 10 min jusqu'à cuisson complète.)

• Préchauffer le barbecue au charbon de bois ou au gaz à température moyenne-élevée. À l'aide d'un chiffon, badigeonner entièrement la grille du barbecue d'huile végétale de l'arrière vers l'avant. Badigeonner légèrement les saucisses et les déposer sur la grille chaude. Cuire de 4 à 6 min de chaque côté, jusqu'à ce qu'elles soient bien grillées et cuites au centre. Attention aux flammes créées par le gras. Déplacer les saucisses sur la surface la moins chaude du gril jusqu'à ce que le feu s'éteigne. (Si les saucisses n'ont pas été pochées, les faire griller de 7 à 10 min de chaque côté.)

RATATOUILLE

• Dans un bol, mélanger les courgettes, les aubergines, le basilic, l'origan et 2 c. à soupe d'huile. Réserver.

• Dans une sauteuse, chauffer le reste d'huile à feu moyen-vif et faire sauter les oignons et les poivrons 1 min. Ajouter le mélange d'aubergines et l'ail. Faire sauter de 2 à 3 min sans cesser de remuer. Ajouter les tomates et le vinaigre. Mélanger. Retirer du feu, saler et poivrer au goût.

(suite à la p. 94)

PRÉPARATION

• 4 à 6 saucisses à l'ail

RATATOUILLE

• 1 courgette, en dés de 6 à 12 mm (¹/₄ à ¹/₂ po)

• 2 petites aubergines japonaises, en dés de 6 à 12 mm (¹/₄ à ¹/₂ po)

• 1 c. à soupe comble de basilic frais, haché finement

• 1 c. à soupe comble d'origan frais, haché finement

• 3 c. à soupe d'huile d'olive

• 1 petit oignon rouge, en dés de 6 à 12 mm (¹/₄ à ¹/₂ po)

• 1 petit poivron rouge, évidé, épépiné et coupé en dés de 6 à 12 mm (¹/₄ à ¹/₂ po)

• 1 petit poivron jaune, évidé, épépiné et coupé en dés de 6 à 12 mm (¹/₄ à ¹/₂ po)

• 4 grosses gousses d'ail, émincées

• 1 tomate moyenne, pelée et hachée

• Un trait de vinaigre de vin rouge

• Gros sel et poivre frais moulu

Saucisses grillées à l'ail, avec ratatouille et polenta au gorgonzola (suite)

POLENTA

- Dans une casserole moyenne à fond épais, porter à ébullition 1 litre (4 tasses) d'eau salée. Verser la polenta lentement, en mince filet, sans cesser de remuer. Réduire la chaleur et laisser mijoter à feu doux en fouettant jusqu'à ce que la polenta épaississe. Après 3 min, ajouter 125 ml (½ tasse) d'eau et continuer à remuer de 4 à 6 min, jusqu'à ce que la polenta n'adhère plus aux parois. Retirer du feu et incorporer le fromage et le beurre. Quand le beurre aura fondu, la polenta aura la consistance d'une soupe épaisse. Saler et poivrer au goût.

- Pour servir, partager la polenta dans les assiettes. Couper les saucisses en travers en tranches de 1,25 cm (½ po) et les placer sur le bord de l'assiette. Verser une cuillerée de ratatouille au centre de la polenta et garnir avec quelques feuilles de basilic frais.

POLENTA
- 1,2 litre (4 ½ tasses) d'eau salée
- 375 g (1 ½ tasse) de polenta à cuisson rapide
- 150 g (5 oz) de gorgonzola, en petits morceaux
- 60 g (¼ tasse) de beurre non salé, en morceaux
- Gros sel et poivre frais moulu
- Feuilles de basilic frais

Longe de porc piquée d'ail à la sauce mojo

Le porc s'entend bien avec l'ail. Dans cette recette d'origine cubaine, le rôti est piqué avec de l'ail assaisonné à l'origan et au cumin, ce qui pénètre profondément la viande. L'extérieur de la longe de porc est aussi couvert de ce mélange savoureux. Le mojo est tout à fait désigné pour accompagner les viandes grillées et les pommes de terre nouvelles. Ce plat convient bien aux brunchs et aux buffets. Faites cuire le porc la veille, congelez-le et demandez à votre boucher de le découper en tranches très minces. (La congélation facilitera sa tâche.) Servie dans un petit pain et un bol de mojo, cette viande permet de composer des sandwiches extraordinaires.

SAUCE MOJO

- 2 ½ c. à soupe d'ail, émincé
- ½ c. à café (½ c. à thé) de zeste de citron vert
- 3 c. à soupe de jus de citron vert frais pressé
- ¼ c. à café (¼ c. à thé) de zeste d'orange
- 2 c. à soupe de jus d'orange frais
- ¾ c. à café (¾ c. à thé) de cumin moulu
- ½ c. à café (½ c. à thé) de sel
- 125 ml (½ tasse) d'huile d'olive extravierge
- Poivre frais moulu
- 1 c. à soupe de coriandre fraîche, émincée

LONGE DE PORC

- 1 longe de porc de 1 kg (2 lb)
- 2 c. à café (2 c. à thé) d'origan séché
- ½ c. à café (½ c. à thé) de cumin moulu
- ½ c. à café (½ c. à thé) de sel
- ½ c. à café (½ c. à thé) de poivre frais moulu
- 2 à 3 gousses d'ail, en lamelles

PRÉPARATION

SAUCE MOJO

- À l'aide du mélangeur, mélanger l'ail, les zestes, les jus de fruit, le cumin et le sel. Quand l'ail est finement émincé, verser lentement l'huile en laissant fonctionner le mélangeur à basse vitesse. Quand le mélange est émulsionné, transvider dans un bol, poivrer et ajouter la coriandre. Le mojo peut se faire 4 jours à l'avance. Couvrir et réfrigérer. Donne 175 ml (¾ tasse).

LONGE DE PORC

- Au besoin, rabattre sur l'extrémité de la longe vers le centre pour que l'épaisseur soit plus uniforme d'un bout à l'autre de la pièce de viande. Attacher avec une ficelle.

- Dans un petit bol, mélanger l'origan, le cumin, le sel et le poivre. À l'aide d'un mortier ou du dos d'une cuillère, piler les ingrédients jusqu'à ce que l'origan soit bien écrasé.

- Incorporer les lamelles d'ail et les enduire du mélange d'herbes. À l'aide d'un couteau bien affûté, faire des petites incisions dans le rôti et insérer les lamelles d'ail. Enrober le rôti avec le reste du mélange d'herbes. Envelopper le filet dans une feuille d'aluminium et réfrigérer 2 h ou toute la nuit.

- Préchauffer le four à 240 °C (475 °F). Placer une grille au centre du four. Déballer le filet et le déposer sur une grille dans une lèche-frite. Faire griller 20 min ou insérer un thermomètre au centre de la partie la plus épaisse jusqu'à ce que la température atteigne 60 à 63 °C (140 à 145 °F). Retirer du four et laisser reposer 5 min à découvert. (La chaleur résiduelle augmentera la température de 5 °F au cœur de la viande.) Pour servir, découper en tranches de 1,25 cm (½ po) et accompagner d'un petit bol de sauce mojo.

Poulet aux quarante gousses d'ail

- 46 grosses gousses d'ail non épluchées
- 1 1/2 c. à café (1 1/2 c. à thé) de gros sel, ou plus au goût
- 20 g (1/2 tasse) de fines herbes (estragon, thym, origan et sauge), mélangées et grossièrement hachées
- Poivre frais moulu
- 60 ml (1/4 tasse) + 2 c. à soupe d'huile d'olive extravierge
- 1 poulet biologique de 2 kg (4 lb), en morceaux
- Tranches de pains baguette, grillées et chaudes

Des ingrédients impeccables et une cuisson simple, voilà le secret de l'art culinaire. Cette recette le prouve une fois de plus. Du poulet biologique, beaucoup d'ail, des fines herbes fraîches et de l'huile d'olive de qualité sont ici cuisinés pour donner un plat juteux et parfumé inoubliable. Dans la recette provençale traditionnelle, on fait cuire le poulet dans un faitout couvert. Mais je préfère la méthode suivante qui permet de colorer légèrement la volaille et de caraméliser les gousses d'ail.

- Préchauffer le four à 200 °C (400 °F).

- Peler 6 gousses d'ail, saupoudrer de gros sel, émincer et écraser avec le plat du couteau pour obtenir une purée grossière. Déposer la purée d'ail dans un petit bol, ajouter les herbes, le poivre et 60 ml (1/4 tasse) d'huile d'olive.

- Avec les doigts, étendre généreusement un peu de cette préparation sur les morceaux de poulet déposer dans une lèchefrite, poitrine vers le haut. Ajouter les 40 gousses d'ail restantes, non épluchées, dans le bol d'herbes et remuer pour les enrober de tous les côtés. Disposer l'ail autour du poulet. Verser les 2 c. à soupe d'huile restantes et rôtir 30 min en arrosant de temps à autre avec le jus de cuisson. Rôtir de 45 à 60 min de plus, jusqu'à ce que le poulet soit bien grillé et tendre sous la fourchette ou insérer un thermomètre au centre de la chair d'une poitrine jusqu'à ce qu'il atteigne 74 °C (165 °F).

- Servir les morceaux de poulet avec les gousses d'ail et arroser avec le jus de cuisson. Réduire les gousses les plus tendres en purée et tartiner sur les tranches de pain grillées. Éplucher les gousses d'ail les plus caramélisées et les manger entières, assaisonnées de sel et de poivre.

Poulet thaï aux nouilles
à l'ail et aux arachides rôties

2 portions

Voici le genre de plat oriental qui a le pouvoir de vous remonter le moral à chaque bouchée. Une fois que vous avez émincé et haché les ingrédients, vous n'avez plus qu'à les faire sauter rapidement. Riche en couleurs et en arômes, cette recette vous permet de satisfaire grandement votre passion pour l'ail. Adaptez-la avec les légumes de votre choix, mais n'oubliez jamais l'ail !

- Dans un petit bol, mélanger le poulet et 2 c. à café (2 c. à thé) d'huile de sésame. Réserver à température ambiante.

- Dans un petit bol ou une tasse, mélanger la sauce au poisson, le jus de citron vert et la fécule de maïs. Réserver.

- Préparer les nouilles selon les directives de l'emballage. Dans une grande casserole d'eau bouillante salée, cuire les nouilles environ 5 min, jusqu'à ce qu'elles remontent à la surface. Égoutter et déposer dans un bol chaud.

- Dans un grand poêlon à fond épais, chauffer 2 c. à café (2 c. à thé) d'huile d'arachide à feu moyen-vif. (Mettre un morceau de poulet dans le poêlon ; s'il grésille, c'est que l'huile est suffisamment chaude.) Ajouter le poulet et remuer pour empêcher les morceaux de coller ensemble. Quand la volaille a une couleur uniforme, la déposer dans les nouilles avec son jus.

- Dans le même poêlon, chauffer 1 c. à café (1 c. à thé) d'huile d'arachide. Ajouter les champignons et sauter rapidement. Mettre la chaleur au maximum, ajouter les oignons, les poivrons, les pois, les piments et l'huile restante. Mélanger rapidement, puis ajouter le gingembre et l'ail. Remuer constamment. Baisser le feu à température moyenne, ajouter le mélange de sauce au poisson et cuire de 1 à 2 min en remuant.

- Ajouter les légumes aux nouilles et remuer. Ajouter le basilic, la coriandre et la moitié des arachides. Remuer légèrement. Parsemer le reste des arachides sur les nouilles et servir immédiatement.

NOTE : Couper en julienne signifie couper les légumes et la viande en fins bâtonnets de 3 mm x 5 cm (⅛ x 2 po) environ.

- 180 à 240 g (6 à 8 oz) de blanc de poulet, sans la peau, en julienne (voir note)
- 3 c. à café (3 c. à thé) d'huile de sésame orientale
- 60 ml (¼ tasse) de sauce au poisson
- 3 c. à soupe de jus de citron vert frais pressé
- 2 c. à café (2 c. à thé) de fécule de maïs
- 180 g (6 oz) de nouilles chinoises
- 3 c. à café (3 c. à thé) d'huile d'arachide
- 150 g (⅓ tasse) de champignons frais, en tranches
- 90 g (⅓ tasse) d'oignons rouges, en fines rondelles
- 6 à 8 oignons verts (le blanc et le vert), en morceaux de 2,5 cm (1 po)
- ½ petit poivron rouge ou orange, épépiné et coupé en julienne (voir note)
- 125 g (½ tasse) de pois gourmands en tranches
- 1 piment jalapeño moyen, épépiné et coupé en julienne (voir note)
- 1 morceau de gingembre frais de 2,5 x 5 cm (1 x 2 po) et de 20 g (¾ oz), pelé et coupé en julienne
- 6 gousses d'ail moyennes, émincées
- 10 g (⅓ tasse) de feuilles de basilic frais (thaï de préférence), en julienne (voir note)
- 10 g (⅓ tasse) de coriandre fraîche
- 35 g (⅓ tasse) d'arachides non salées rôties

Fruits de mer rôtis
au paprika fumé et à l'ail rôti

PRÉPARATION

Ce plat est recommandé pour les soirs d'hiver où vous rêvez d'un repas vite fait mais délicieux. Des fruits de mer frais dans un bouillon énergisant assaisonné de paprika fumé. Vous le savourerez jusqu'à la dernière goutte. L'ail rôti donne une texture crémeuse à ce mets auquel il est inutile d'ajouter du beurre ou de la crème. Créé par le chef Eric Laslow, il sait faire des heureux à coup sûr.

• Quand les têtes d'ail sont assez refroidies pour qu'on puisse les manipuler, retirer la chair en pressant doucement les gousses et réserver. Préchauffer le four à 220 °C (425 °F).

• Dans un grand poêlon allant au four, chauffer l'huile à feu moyen-vif. Saler et poivrer les pommes de terre et les pétoncles. Déposer ensuite sur une seule couche dans le poêlon. Ajouter le fenouil, le piment en flocons et l'ail rôti. Sauter environ 2 min, jusqu'à ce que les pétoncles soient dorés légèrement d'un côté.

• Ajouter les moules, les crevettes et les palourdes. Assaisonner de paprika. Mettre le poêlon dans le four, sur la grille du bas, et cuire de 15 à 20 min, jusqu'à ce que les coquilles s'ouvrent. Jeter toutes les coquilles qui sont restées fermées. Remettre le poêlon sur le feu, ajouter le vin et le persil. Laisser mijoter 1 min. Servir à la louche dans des bols peu profonds. Arroser d'un filet d'huile d'olive et servir avec du pain grillé.

- 3 grosses têtes d'ail d'environ 90 g (3 oz) chacune, rôties (voir p. 14)
- 2 c. à soupe d'huile d'olive extravierge et un peu plus pour le montage
- 12 à 14 de pommes de terre nouvelles, bouillies 5 min et coupées en tranches de 1,25 cm (½ po)
- 4 gros pétoncles de mer ou coquilles Saint-Jacques frais
- Gros sel et poivre frais moulu
- ¼ de bulbe de fenouil, paré et coupé en tranches
- Une pincée de piment en flocons
- 6 moules fraîches, brossées à l'eau froide et ébarbées
- 4 crevettes géantes, décortiquées et déveinées
- 6 palourdes fraîches, brossées à l'eau froide
- ¼ c. à café (¼ c. à thé) + une pincée de paprika fumé
- 60 ml (¼ tasse) de vin blanc
- 1 c. à soupe de persil plat frais, émincé
- Pain de campagne grillé

LÉGUMES

Maïs en épi et festival de beurre à l'ail

- 60 g (¼ tasse) de sucre
- 1 c. à soupe d'eau
- 2 c. à soupe de beurre non salé
- 4 grosses gousses d'ail, écrasées
- 4 gros épis de maïs, épluchés

Le maïs en épi est l'un des grands plaisirs de l'été. Il est encore meilleur légèrement caramélisé avec du beurre à l'ail. Choisissez minutieusement des épis aux feuilles vertes et aux grains fermes. Cette recette vaut la peine que vous vous mettiez à la recherche des épis les plus beaux qui soient.

• Dans une petite casserole, chauffer le sucre et l'eau à feu moyen-doux, jusqu'à dissolution du sucre. Ajouter le beurre et l'ail et remuer jusqu'à ce que le beurre soit fondu (il doit être chaud sans bouillir). Réserver et laisser tiédir. Le mélange sera épais et trouble.

• Déposer les épis sur une plaque et badigeonner de beurre fondu. (À ce moment-ci, on peut couvrir les épis et les conserver 4 h à température ambiante.)

• Préchauffer le barbecue au charbon de bois ou au gaz à température moyenne-élevée. À l'aide d'un chiffon, badigeonner entièrement la grille du barbecue d'huile végétale (de l'arrière vers l'avant pour ne pas se brûler). Faire griller le maïs directement sur la grille de 6 à 8 min, jusqu'à ce qu'il soit légèrement noirci par endroits. Retourner fréquemment. Servir immédiatement.

Sauté d'épinards à l'ail et au zeste de citron

2 portions

Les épinards sautés sont meilleurs si on choisit de jeunes feuilles tendres bien fraîches. Avec beaucoup d'ail et un peu de zeste de citron, ils séduiront tout le monde. Si vous préférez une saveur d'ail moins prononcée, jetez les tranches après les avoir fait sauter. Pour rehausser le goût en ail, ajoutez-les à la toute dernière minute.

- Dans un grand poêlon, chauffer l'huile à feu moyen. En remuant le poêlon constamment, ajouter l'ail et cuire environ 3 min, jusqu'à ce qu'il soit légèrement doré. Retirer l'ail et réserver.

- À feu vif, ajouter les épinards, saler, poivrer et ajouter le zeste de citron. Cuire 2 min jusqu'à ce qu'ils soient attendris et d'un vert lustré. Retirer du feu et, à l'aide d'une pince, déposer les épinards dans une passoire. Presser légèrement pour enlever l'excès d'eau. Remettre dans le poêlon avec l'ail réservé et un filet d'huile au goût. Rectifier l'assaisonnement en sel et en poivre. Servir immédiatement.

- 2 c. à soupe d'huile d'olive et plus pour le montage
- 2 grosses gousses d'ail, coupées en travers en fines tranches
- 240 g (6 tasses) de jeunes feuilles d'épinards frais
- Gros sel et poivre frais moulu
- 1/4 c. à café (1/4 c. à thé) de zeste de citron, râpé

- 6 c. à soupe de beurre non salé
- 4 à 6 grosses gousses d'ail, en tranches
- 1 kg (2 lb) de pommes de terre Russet ou Yukon Gold, pelées et coupées en quartiers
- 2 c. à soupe de gros sel, ou plus au goût
- 60 à 125 ml (¼ à ½ tasse) de crème épaisse (35 %) ou de crème moitié-moitié
- Poivre frais moulu (facultatif)

Ma purée de pommes de terre à l'ail

L'art de la purée de pommes de terre se résume en trois mots: ail, crème et beurre. Ne comptez pas les calories; seul le goût compte dans cette recette. Mais si vous tenez absolument à réduire le nombre de calories, prenez du bouillon de poulet ou du lait écrémé. Pelez les pommes de terre et coupez-les en quartiers avant de les faire cuire. Plusieurs croient toutefois que le fait de conserver la pelure empêche les pommes de terre de devenir trop imprégnées d'eau, ce qui leur permettrait de mieux absorber l'ail, le beurre fondu et la crème. À vous de choisir! Pour une purée duveteuse, utilisez un moulin à légumes. Pour une texture plus épaisse, utilisez le dos d'une grosse cuillère et faites travailler vos muscles...

- Dans une petite casserole, faire fondre le beurre à feu doux. Ajouter l'ail et bien l'enrober de beurre. Garder le feu le plus bas possible. Remuer constamment de 8 à 10 min, jusqu'à ce qu'il soit tendre. Ne pas laisser brunir. Retirer du feu et réserver.

- Pendant ce temps, mettre les pommes de terre dans une grande casserole, couvrir d'eau froide et porter à ébullition à feu moyen-vif. Ajouter le sel, réduire à feu doux et laisser mijoter de 15 à 20 min jusqu'à ce qu'elles soient tendres. Égoutter 1 min dans une passoire pour libérer la vapeur.

- Pendant ce temps, à l'aide d'une écumoire, retirer l'ail du beurre. Réserver le beurre. Passer l'ail et les pommes de terre dans un moulin à légumes, au-dessus d'un grand bol ou d'une casserole. Ajouter le beurre et 60 ml (¼ tasse) de crème. Mélanger pour assouplir la purée. Verser le reste de crème, 1 c. à soupe à la fois, et mélanger jusqu'à consistance voulue. Rectifier l'assaisonnement en sel et en poivre. Servir immédiatement.

Haricots verts à l'ail

Tous les moyens sont bons pour se délecter de haricots verts. Voici une recette qui s'adresse spécialement à ceux qui n'aiment pas beaucoup les légumes. Ils changeront sûrement d'idée après avoir goûté ce plat. Choisissez des haricots verts bien frais. Cassez-en un en deux; s'il se brise facilement, vous pouvez acheter en toute confiance.

- Dans un petit bol, mélanger la chapelure et le fromage. Réserver.

- Dans une casserole remplie d'eau très bouillante salée, plonger les haricots et cuire de 5 à 8 min, jusqu'à ce qu'ils soient presque tendres et vert foncé. (Vérifier la cuisson après 5 min pour ne pas trop les cuire.) Égoutter et rincer à l'eau froide pour arrêter la cuisson.

- Dans un grand poêlon, sauter l'ail environ 1 ½ min dans l'huile à feu moyen-vif, en remuant fréquemment, jusqu'à ce qu'il devienne transparent. Ajouter les haricots et sauter de 1 à 2 min. Retirer du feu. Rectifier l'assaisonnement en sel et en poivre. Déposer les haricots dans un plat de service, saupoudrer de chapelure au fromage et servir.

PRÉPARATION

- 60 g (¼ tasse) de croûtons à l'ail au choix (p. 64-65), émiettés ou de chapelure du commerce
- 1 c. à soupe de parmesan ou de romano frais, râpé
- 480 g (1 lb) de haricots verts frais, équeutés et coupés en deux s'ils sont trop longs
- 4 gousses d'ail moyennes, émincées
- 2 c. à soupe d'huile d'olive extravierge
- Gros sel et poivre frais moulu

Croustilles à l'ail

La prochaine fois où vous recevrez beaucoup de monde, laissez tomber les hors-d'œuvre compliqués. Servez des croustilles à l'ail et tous vos invités en redemanderont. Coupez les pommes de terre à l'aide d'une mandoline pour obtenir des tranches minces comme du papier. On peut s'en procurer à bon marché dans plusieurs magasins. Sinon, utilisez un bon couteau d'office et essayez de faire des tranches régulières.

- Dans une grande casserole à fond épais ou un wok, chauffer 8 à 10 cm (3 à 4 po) d'huile à feu moyen.

- Pendant ce temps, à l'aide d'une mandoline ou d'un couteau bien affûté, couper les pommes de terre en fines tranches.

- Quand l'huile commence à grésiller (environ 180 °C/350 °F au thermomètre à bonbons), plonger les tranches d'ail et cuire de 30 à 45 sec. Quand elles commencent à dorer, les retirer avec une petite passoire très fine. Égoutter sur du papier absorbant. Quand l'ail est refroidi, l'émietter dans un petit bol et réserver.

- Mettre des pommes de terre en petite quantité dans l'huile chaude. Cuire de 4 à 8 min, jusqu'à ce qu'elles soient dorées et croustillantes. Retirer les pommes de terre cuites avec une écumoire et égoutter en plusieurs couches sur du papier absorbant. Saupoudrer immédiatement d'ail rôti et d'une généreuse quantité de sel à l'ail. Déguster au fur et à mesure ou à la fin de la cuisson pendant qu'elles sont encore chaudes.

- Huile végétale pour friture
- 1 kg (2 lb) de pommes de terre Russet, non pelées
- 8 à 10 grosses gousses d'ail, en fines tranches
- Sel d'ail ou gros sel

Pommes de terre rôties à la grecque, à l'ail, au citron et à l'origan

- 6 grosses gousses d'ail, coupées en deux
- 1 c. à café (1 c. à thé) de gros sel, ou plus au goût
- 125 ml (½ tasse) d'huile d'olive extravierge
- 1,5 kg (3 lb) de pommes de terre Russet, pelées et coupées en morceaux de 4 cm (1 ½ po)
- 1 ½ c. à café (1 ½ c. à thé) d'origan séché
- 125 ml (½ tasse) de bouillon de poulet
- 60 ml (¼ tasse) de jus de citron frais pressé
- Poivre frais moulu

Ces pommes de terre accompagnent bien tous les plats de viande. Les Russet sont riches en amidon et absorbent magnifiquement les jus créés par l'ail, l'origan, le jus de citron, l'huile d'olive et le bouillon. Pour faire un repas complet, faites cuire des morceaux de poulet désossés et mélangez-les avec ces pommes de terre.

- Préchauffer le four à 200 °C (400 °F).

- Saupoudrer l'ail de gros sel, émincer et écraser avec le plat du couteau pour obtenir une purée grossière. Mettre la purée d'ail dans un plat de 33 x 23 x 5 cm (13 x 9 x 2 po) et verser l'huile. Ajouter les pommes de terre et parsemer d'origan. Mélanger pour les enrober d'huile, d'ail et d'épices sur tous les côtés. Disposer sur une seule couche et cuire au four 15 min. Ajouter le bouillon, mélanger et poursuivre la cuisson 10 min de plus. Arroser de jus de citron et cuire environ 15 min, jusqu'à ce que les pommes de terre soient tendres. Servir immédiatement et passer le sel et le poivre à table.

L'ESSENTIEL POUR REHAUSSER LE GOÛT DE L'AIL

Marmelade à l'ail,
à l'oignon et à l'échalote

300 ml (1 1/4 tasse)

Ce condiment peut servir à plusieurs usages, qu'il s'agisse de garnir un hamburger et de couronner des hors-d'œuvre. Pour faire des bouchées remarquables, achetez des fonds de tartelettes de pâte phyllo et faites-les cuire selon les directives de l'emballage. Remplissez chacun avec 1 ou 2 c. à café (1 ou 2 c. à thé) de marmelade et c'est tout. L'ail et les échalotes doivent être coupés avant de commencer la cuisson des oignons jaunes. Utilisez un bon couteau d'office. Prenez soin de prendre un grand poêlon, sinon il sera difficile de vous débarrasser de l'eau de cuisson des oignons.

- Dans un grand poêlon à fond épais, faire fondre le beurre à feu moyen. Ajouter l'ail, les oignons, les échalotes et remuer pour les enrober de beurre. Verser le vin. Réduire à feu doux, couvrir et laisser mijoter environ 1 h 30 en remuant de temps à autre, jusqu'à ce que le liquide soit réduit aux deux tiers et que les oignons soient très tendres. Retirer le couvercle et cuire environ 15 min, jusqu'à ce que le liquide soit presque complètement évaporé. Saupoudrer le sucre sur le mélange et remuer sans arrêt environ 10 min, jusqu'à ce que les oignons soient dorés. Retirer du feu, saler et poivrer. Servir à température ambiante. Cette marmelade se conserve une semaine dans un contenant hermétique gardé dans le réfrigérateur.

PRÉPARATION

- 1 1/2 c. à soupe de beurre non salé
- 3 grosses têtes d'ail de 200 à 260 g (7 à 9 oz) chacune, gousses séparées, pelées et coupées en fines tranches
- 3 ou 4 petits oignons jaunes, en fines tranches
- 8 échalotes, en fines tranches
- 125 ml (1/2 tasse) de vin blanc sec
- 1/2 c. à café (1/2 c. à thé) de sucre
- Gros sel et poivre frais moulu

- 2 grosses gousses d'ail, hachées
- 30 g (³/₄ tasse) de persil plat frais
- Le zeste de 2 gros citrons, râpé
- ¹/₄ c. à café (¹/₄ c. à thé) de gros sel
- 1 c. à soupe d'huile d'olive extravierge

Gremolata

125 ml (1/2 tasse)

La gremolata est très appréciée dans la cuisine italienne, où on l'utilise entre autres pour garnir l'osso-buco. Il s'agit d'un mélange frais d'ail, de persil et de zeste de citron émincés. Dans cette recette signée Janet Zwinger, on ajoute un peu d'huile d'olive pour lier la préparation et marier les saveurs.

- À l'aide d'un petit robot de cuisine, émincer l'ail et le persil. Ajouter le zeste, le sel et l'huile. Mélanger jusqu'à ce que tous les ingrédients soient amalgamés. Pour plus de saveur, laisser macérer quelques heures.

Pesto à votre goût

Le pesto est essentiel à tous les amateurs d'ail. Particulièrement bon sur les pâtes, il ajoute aussi beaucoup de goût aux grillades, au poisson, au poulet et aux légumes. Il est recommandé de toujours en avoir dans son congélateur pour parfumer les soupes, les ragoûts et même les sauces à salade. Vous pouvez adapter la recette à votre goût. Remplacez les pignons par des noix si vous préférez. Le parmesan peut aussi céder sa place à tout autre fromage italien à pâte dure. Si vous aimez le pesto plus liquide, ajoutez de l'huile d'olive ou de l'eau de cuisson des pâtes. Si vous avez l'intention de congeler le pesto, ne mettez pas de fromage avant de l'avoir fait décongeler. Congelez-le dans un bac à glaçons et vous n'aurez qu'à prendre un cube ou deux pour donner du goût à vos plats. Les puristes préfèrent utiliser le mortier et le pilon, mais, personnellement, j'opte pour le robot de cuisine qui est plus rapide, plus simple et plus pratique pour préparer une grande quantité.

PESTO TRADITIONNEL · Environ 250 ml (1 tasse)

• À l'aide d'un robot de cuisine, mélanger les pignons, l'ail, le basilic et l'huile. Ajouter le fromage et mélanger pour obtenir une texture lisse ou remuer à la main avant de servir. Transvider le pesto dans un bol à l'aide d'une spatule.

VARIANTE

• **Pesto au citron** : Suivre la recette traditionnelle et ajouter 2 c. à soupe de jus de citron frais pressé et 2 à 3 c. à café (2 à 3 c. à thé) de zeste de citron.

PESTO ROUGE ET TOMATES SÉCHÉES · Environ 250 ml (1 tasse)

• À l'aide d'un robot de cuisine, mélanger les pignons, l'ail, le basilic, les tomates et l'huile. Ajouter le fromage et mélanger pour obtenir une texture lisse. Transvider le pesto dans un bol à l'aide d'une spatule. Rectifier l'assaisonnement en sel et en poivre au besoin.

PESTO TRADITIONNEL

- 2 c. à soupe de pignons, crus ou légèrement grillés dans un poêlon sans gras
- 2 gousses d'ail moyennes, émincées
- 40 à 80 g (1 ½ à 2 tasses) de basilic frais
- Environ 125 ml (½ tasse) d'huile d'olive extravierge
- 60 g (½ tasse) de parmesan ou d'un autre fromage italien à pâte ferme, râpé

PESTO ROUGE ET TOMATES SÉCHÉES

- 2 c. à soupe de pignons, crus ou légèrement grillés dans un poêlon sans gras
- 2 gousses d'ail moyennes, émincées ou 1 ½ c. à café (1 ½ c. à thé), combles
- 40 g (1 ½ tasse) de basilic pourpre frais
- 3 c. à soupe de tomates séchées, émincées
- 125 ml (½ tasse) d'huile d'olive extravierge
- 40 g (¼ tasse) + 2 c. à soupe de parmesan, frais râpé
- Gros sel et poivre frais moulu

PESTO AUX PISTACHES

- 50 g (½ tasse) de pistaches non salées, écalées
- 2 gousses d'ail moyennes, émincées
- 80 g (2 tasses) de basilic frais
- 60 ml (¼ tasse) + 2 c. à soupe d'huile d'olive extravierge
- 40 g (¼ tasse) de parmesan, frais râpé
- Gros sel et poivre frais moulu

PESTO AU BASILIC ET À LA MENTHE

- 2 c. à soupe de pignons, crus ou légèrement grillés dans un poêlon sans gras
- 2 gousses d'ail moyennes, émincées
- 40 g (1 tasse) de basilic frais
- 40 g (1 tasse) de menthe fraîche
- 60 ml (¼ tasse) + 2 c. à soupe d'huile d'olive extravierge
- 40 g (¼ tasse) de parmesan, frais râpé
- Gros sel et poivre frais moulu

PESTO AUX NOIX ET À L'ORIGAN

- 125 g (½ tasse) de noix, coupées en deux
- 2 gousses d'ail moyennes, émincées
- 20 g (½ tasse) d'origan frais
- 60 ml (¼ tasse) d'huile d'olive extravierge
- 3 c. à soupe de crème épaisse à fouetter (35 %)
- 40 g (¼ tasse) de parmesan, frais râpé
- Gros sel et poivre frais moulu

PRÉPARATION

PESTO AUX PISTACHES · Environ 160 ml (2/3 tasse)

- À l'aide d'un robot de cuisine, mélanger les pistaches, l'ail, le basilic et l'huile. Ajouter le fromage et mélanger pour obtenir une texture lisse. À l'aide d'une spatule, transvider le pesto dans un bol. Rectifier l'assaisonnement en sel et en poivre au besoin.

PESTO AU BASILIC ET À LA MENTHE · Environ 160 ml (2/3 tasse)

- À l'aide d'un robot de cuisine, mélanger les pignons, l'ail, le basilic, la menthe et l'huile. Ajouter le fromage et mélanger pour obtenir une texture lisse. Transvider le pesto dans un bol à l'aide d'une spatule. Rectifier l'assaisonnement en sel et en poivre au besoin.

PESTO AUX NOIX ET À L'ORIGAN · Environ 175 ml (3/4 tasse)

- À l'aide d'un robot de cuisine, mélanger les noix, l'ail, l'origan, l'huile et la crème. Ajouter le fromage et mélanger pour obtenir une texture lisse. Transvider le pesto dans un bol à l'aide d'une spatule. Rectifier l'assaisonnement en sel et en poivre au besoin.

Beurre à l'ail
à faire fondre ou à tartiner

BEURRE À L'AIL RÔTI ET AU ROMARIN

- 1 tête d'ail moyenne de 60 à 75 g (2 à 2 ½ oz)
- 1 à 2 c. à café (1 à 2 c. à thé) de romarin frais, haché finement
- 3 c. à soupe d'huile d'olive extravierge,
- 1 c. à café (1 c. à thé) de jus de citron frais pressé
- 120 g (½ tasse) de beurre non salé à température ambiante
- ½ c. à café (½ c. à thé) de gros sel

Les aliments grillés gagnent beaucoup à être servis avec ce beurre à l'ail. Comme les grands chefs, vous réussirez la touche finale de votre préparation en quelques minutes seulement. Pour refroidir le beurre à l'ail, roulez-le en forme de bûche dans une pellicule plastique. Conservez-le jusqu'à 2 jours dans le réfrigérateur ou 3 semaines dans le congélateur.

BEURRE À L'AIL RÔTI ET AU ROMARIN • Environ 125 ml (1/2 tasse)

Ce beurre est sublime avec tout, parole d'une amoureuse passionnée de l'ail...

- Préchauffer le four à 180 °C (350 °F).

- Couper une tranche sur le dessus de la tête d'ail pour libérer le bout de chaque gousse. Déposer la tête d'ail, racine vers le bas, dans un petit plat de cuisson. Saupoudrer le dessus de romarin et arroser de 1 c. à soupe d'huile. (Il est possible d'ajouter 1 c. à café (1 c. à thé) d'eau et une pincée de sel.) Sceller dans une feuille d'aluminium. Cuire environ 1 h, jusqu'à ce que l'ail soit tendre et doré. Laisser refroidir.

- Presser les gousses tendres pour les détacher de leur enveloppe et les déposer avec leur huile résiduelle dans un petit robot de cuisine. Ajouter le jus de citron, l'huile restante, le beurre, le sel et bien mélanger pour obtenir une pâte onctueuse. À l'aide d'une cuillère, déposer le beurre sur une pellicule plastique et rouler en formant un petit cylindre compact. Refermer les bouts pour sceller, et réfrigérer. Pour le conserver plus longtemps, l'envelopper dans une feuille d'aluminium supplémentaire. Pour utiliser le beurre sous forme de sauce, développer le rouleau, découper le beurre en tranches et le laisser fondre sur un mets chaud. Pour tartiner, garder le beurre à température ambiante.

BEURRE À L'AIL ET À L'ESTRAGON · Environ 125 ml (1/2 tasse)

Ce beurre donne vie aux légumes, au poulet grillé, au poisson et même aux pâtes.

- À l'aide d'un robot de cuisine, mélanger l'estragon, l'ail, les échalotes et le sel. Bien amalgamer. Ajouter l'huile et mélanger pour obtenir une purée grossière. Ajouter le vin et le beurre. Bien mélanger. À l'aide d'une cuillère, déposer le beurre sur une pellicule plastique et rouler en formant un petit cylindre compact. Refermer les bouts pour sceller et réfrigérer. Pour le conserver plus longtemps, l'envelopper dans une feuille d'aluminium supplémentaire. Pour utiliser le beurre sous forme de sauce, développer le rouleau, découper le beurre en tranches et le laisser fondre sur un mets chaud. Pour tartiner, garder le beurre à température ambiante.

BEURRE À L'AIL AUX FINES HERBES D'ÉTÉ · Environ 125 ml (1/2 tasse)

Je le recommande fortement pour les légumes, les hamburgers et les pâtes.

- À l'aide d'un petit robot de cuisine, mélanger l'ail, les échalotes, le zeste, les fines herbes, le sel et le poivre au citron. Ajouter l'huile et mélanger de nouveau pour obtenir une purée grossière. Ajouter le beurre et mélanger pour obtenir une pâte onctueuse. À l'aide d'une cuillère, déposer le beurre sur une pellicule plastique et rouler en formant un petit cylindre compact. Refermer les bouts pour sceller et réfrigérer. Pour le conserver plus longtemps, l'envelopper dans une feuille d'aluminium supplémentaire. Pour utiliser le beurre sous forme de sauce, développer le rouleau, découper le beurre en tranches et le laisser fondre sur un mets chaud. Pour tartiner, garder le beurre à température ambiante.

BEURRE À L'AIL ET À L'ESTRAGON

- 15 à 20 g (1/3 à 1/2 tasse) d'estragon frais, haché
- 1 grosse gousse d'ail, émincée
- 1 1/2 c. à café (1 1/2 c. à thé) d'échalotes, émincées
- 1/2 à 3/4 c. à café (1/2 à 3/4 c. à thé) de gros sel
- 2 c. à soupe d'huile d'olive extravierge
- 1 c. à soupe de vin blanc
- 120 g (1/2 tasse) de beurre non salé à température ambiante

BEURRE À L'AIL AUX FINES HERBES D'ÉTÉ

- 1 grosse gousse d'ail, émincée
- 2 c. à soupe d'échalotes, émincées finement
- 1/2 c. à café (1/2 c. à thé) de zeste de citron, râpé
- 2 c. à soupe de persil plat frais, émincé
- 1 c. à soupe de feuilles de thym frais, émincées
- 1 c. à soupe de feuilles de marjolaine fraîche, émincées
- 1 c. à soupe de ciboulette, émincée
- 1/4 c. à café (1/4 c. à thé) de gros sel
- 1/4 c. à café (1/4 c. à thé) de poivre au citron
- 2 c. à soupe d'huile d'olive extravierge
- 120 g (1/2 tasse) de beurre non salé à température ambiante

Crème glacée
à l'ail divine et audacieuse

- 375 ml (1 ½ tasse) de crème moitié-moitié
- ¼ c. à café (¼ c. à thé) comble d'ail, émincé
- ½ gousse de vanille, fendue sur la longueur
- 3 jaunes d'œufs à température ambiante
- 70 à 75 g (⅓ tasse) de sucre

Ce dessert ressemble à une crème glacée à la vanille ordinaire jusqu'à ce que l'on prenne une première bouchée. Un arôme délicat d'ail envahit la bouche, puis disparaît aussitôt. On prend une deuxième bouchée et on s'étonne à nouveau. C'est le mélange de crème et d'ail qui rend cette recette si sublime. Un dessert audacieux qui vaut la peine d'être essayé.

- Dans la partie supérieure d'un bain-marie, mélanger la crème et l'ail. Racler la gousse de vanille pour extraire les grains et les mettre dans la crème. Cuire jusqu'à l'apparition de petites bulles sur les parois du bain-marie. Retirer du feu.

- Pendant ce temps, dans un bol moyen, battre les jaunes d'œuf et le sucre de 3 à 4 min pour obtenir un mélange épais et onctueux. Fouetter légèrement en versant 125 ml (½ tasse) de crème chaude. Fouetter sans arrêt pour ne pas faire cuire les jaunes d'œufs et verser dans la crème. Remettre le bain-marie sur le feu et cuire environ 10 min, sans cesser de remuer, jusqu'à ce que la crème épaississe. Pour vérifier la cuisson, tremper une cuillère dans la crème. Si la crème nappe la cuillère, retirer du feu et laisser refroidir à température ambiante.

- À l'aide d'une passoire fine, filtrer la crème, couvrir et réfrigérer 2 h. La crème se conserve au frais jusqu'à 3 jours. Remuer la crème refroidie, la verser dans une sorbetière et la congeler en suivant les directives du fabricant.

Index